论坛 价值 管理 中国 品牌
Managing Brand Value China Forum

中国最佳品牌建设案例 [V]

中国
最佳品牌
建设案例

《21世纪经济报道》著

21 世纪书系

南方日报出版社
NANFANG DAILY PRESS
中国·广州

图书在版编目（CIP）数据

中国最佳品牌建设案例[Ⅴ] / 《21世纪经济报道》著. — 广州 ：南方日报出版社，2012.8
ISBN 978-7-5491-0671-4

Ⅰ. ①中… Ⅱ. ①2… Ⅲ. ①品牌－企业管理－案例－中国 Ⅳ. ①F279.23

中国版本图书馆 CIP 数据核字(2012)第 187919 号

中国最佳品牌建设案例[Ⅴ]

ZHONGGUO ZUIJIA PINPAI JIANSHE ANLI [Ⅴ]

著　　者：《21世纪经济报道》
出版发行：南方日报出版社
地　　址：广州市广州大道中 289 号
电　　话：（020）83000502
经　　销：全国新华书店
印　　刷：广州市新怡印务有限公司
开　　本：787mm×1092mm　1/16
印　　张：8.5
字　　数：215 千字
版　　次：2012 年 8 月第 1 版
印　　次：2012 年 8 月第 1 次印刷
定　　价：28.00 元

投稿热线：（020）83000503　读者热线：（020）83000502

网址：http://nf.nfdaily.cn/press/

【目录】

序言　寻根反思　振作前行

2011年的“中国品牌价值管理论坛”主题为：迷局、反思、寻根、突破。这是一个耐人寻味的选题，显然，主办者确切地向我们传递了这么一个信息：我们的经济、政治乃至社会，正处在一个迷局当中，上下焦虑，左右彷徨。30年的开放改革，20年的高歌猛进，时至今日，忽然来到一个十字路口当中。

我们在时代的十字路口，直面迷局不得不停歇，不得不彷徨，不得不反思。搞政治如是，搞经济如是，作为企业担当，品牌的拥有者和营造者，更如是。品牌者，应运而生，顺势而行。这个运，离不开国家大运，这个势，当然最直接的最具影响的就是经济大势。经济处在一个转型当中，从高速转入低速，从外向转入内向，这个时候，很有必要稍稍放慢脚步，思考一下自身的企业方向，整理一下品牌思路，寻根也就自然而然。

就品牌而言，根在哪里？品牌源于差异化，通过种种差异化手段达到建立市场竞争优势的目的。然而，差异化只是手段而已，从经营者的角度来看，通过差异化手段建构和拓展品牌所代表的无形资产才是根本目的。30年来，中国的企业家以美为师，模仿强豪，拼成本，抢速度，争夺500强的名号，追求品牌资产的溢价。一旦中国的经济实体达到世界第二，市场疆域通达全球的时候，经营者依旧不平不满：中国的企业为何大而不强？中国的产品为何始终在低端徘徊？中国的品牌大厦为何弱不禁风千疮百孔？反思的结果告诉我们，品牌与百年基业同在，核心的目标是与消费者共同建构一种平等的和谐的透明的可长期持续的交易关系。生产与消费双方关系的凝合，这就是品牌根本。如邻人，如友人，如家人，如爱人，如此关系方可抵御风险共度百年。

在本期所选取的8个案例中，我们看到了既有高举高打，气贯长虹，如新日的“借势蜕变”和长城润滑油的“从突围到突破”；也有和风细雨，润物无声，如海尔的“我的球队”和娇子的“中国爱”；还有，借助于文化和传统，植入崭新的品牌形象，如泸州老窖的“中国荣耀”和上海家化的“优雅复兴”……然而，我们高兴地看到，各个个案虽然手法不一，着力不同，但是，逐步摆脱既往的惯习，关注品牌的深层开掘则是共同的，如圣象的“品牌管家”，再如东风雪铁龙的“回归原点的跨越”所表现的，品牌建构已经立足于服务的系统性和关系的长久性。从企业实践的角度，回应了上文所说的寻根反思突破前行。

最后，还是要感谢报名参加这次案例评选的企业的品牌团队，以及为2011案例评审工作付出极大心血的各位同仁，包括卢泰宏教授、赵平教授、陈刚教授、白长虹教授、蒋青云教授、王海忠教授、黄合水教授、陈富国先生、孙一民先生、沈颢先生、陈东阳先生、吴伯凡先生、刘晖先生、陈一枬女士、陈濮先生和周文女士对于案例的精心评点和耐心讨论。借此机会，我还要衷心感谢《21世纪经济报道》和Interbrand项目小组的诸位同事（姜岚、张卫国、石斌、翁鸣晨、刘孟华等）的大力支持。为了评选活动的顺利进行，他们对于案例的征集和评选工作的组织安排，乃至于本书的汇集刊印，都付出了大量心血。相信他们的工作能够对中国企业界的品牌思考起到应有的帮助作用。

中国传媒大学广告学院院长、教授、博导

黄升民

创立于1999年的新日，历史性地抓住了机遇，迅捷地成长为行业龙头。如何打赢消费者心智中的战争，成就伟大品牌的课题开始横亘在新日面前。

自2008年以来，新日电动车连续作出三项大胆的决定，2008年服务北京奥运会、2010年成为上海世博会指定电动车供应商与2011年西安世园会全球合作伙伴。

如今的新日电动车，借势服务三大世界级盛会所带来的一系列技术变革与企业管理能力提升，正从一家传统民营企业蜕变成未来整个世界绿色交通的领航者。

新日电动车：
借势三大世界级盛会的自我蜕变

电动车产业是中国一个最有特色的产业，也是公认的草根产业。发端于20世纪90年代中期的电动车产业是我国为数不多的拥有全部知识产权的现代交通工具制造产业之一。自诞生之初，这个行业就迅速疯长，十年间行业年产销量迅速超过2000万辆，一时间全国群雄并起，一种公认的说法是，到2007年左右这个行业有超过1000家企业、2000多个品牌！

如何从众多的竞争对手中突围？这个问题摆在了每一个电动车企业面前。

创立于1999年的新日，历史性地抓住了机遇，迅捷地成长为行业龙头。如何打赢消费者心智中的战争，成就伟大品牌的课题开始横亘在新日面前。

自2008年以来，新日电动车连续作出三项大胆的决定，2008年服务北京奥运会、2010年成为上海世博会指定电动车供应商与2011年西安世园会全球合作伙伴。

“中国仅有3个民营企业既服务过奥运会，又服务过世博会，新日电动车就是其中之一。”新日电动车董事长张崇舜表示。

对新日电动车而言，服务三大世界级盛会所带来的企业蜕变，却是全方位的。如今的新日电动车，借势服务三大世界级盛会所带来的一系列技术变革与企业管理能力提升，正从一家传统民营企业蜕变成未来整个世界绿色交通的领航者。

目前，新日电动车已启动A股主板上市事宜。一旦A股上市，新日电动车离“树百年新日，创世界第一”的战略愿景就更迈进了一大步。

而服务三大世界级盛会，则是新日电动车自我蜕变的重要支点。

第一节　品牌效应凸显

走进新日电动车无锡总部生产基地，一排“树百年新日，创世界第一”的标语赫然映入眼帘。

然而，创世界第一，是打造世界第一的品牌知名度，是开创产量世界第一的生产线，还是追求电动车品质世界第一？曾几何时，绝大多数员工面面相觑，心里没有统一答案。

这一度让新日电动车管理层感到迷茫，尤其是2005年新日电动车产销量位居行业龙头时，如何让企业更上一层楼，企业管理层一时找不到突破口。

和国内绝大多数民营企业成长轨迹相似，新日电动车创业初期便赶上国内电动车行业发展黄金期，要在激烈的行业竞争中生存下来，必须先投入所有精力提高销量并扩大市场份额，但有了数不完的订量，却发现企业管理拖了后腿，于是再投入很大精力引进和培养管理人才，狠抓管理提高生产效率，但当理顺生产与销售同步大幅增长的关系后，善于抓生产与销售的管理层发现，对于提高企业品牌形象的精细活需要高度关注——因为越来越成熟的顾客群体愈加重视品牌，商业战争归根结底是百姓心中的品牌之战。

奥运福娃对新日电动车爱不释手

“早期的新日发展靠企业家精神引领驱动，比较重视渠道管理、新品研发和售后服务，但要让市场知道新日电动车开创世界第一的决心，得找到新的突破口。”新日电动车行政运营副总经理胡刚表示，新日是行业内第一个使用形象代言人的企业，早在创业之初，新日就开始名人代言之路，包括邀请国际模特冒绮、影视明星陆毅担纲代言，但大手笔是在2006年和华人国际影视巨星成龙签约，连续四年由成龙代言新日，特别是2008年在机缘巧合和不懈努力之下，新日电动车以向北京奥运会竞赛和非竞赛场馆提供3025辆电动车的模式，成为北京奥运会签约服务商。

新日在启动服务北京奥运会之前，已得知上海获得2010年世博会的举办权，新日就确立了要“借势奥运”，然后一鼓作气“拿下”上海世博会，通过服务顶级盛会，借势树立世界级品牌的策略。

至于服务北京奥运会的价值，胡刚认为难以估量，除了明显提升销量之外，一方面是借此世界级盛会的机遇让更多中外人士关注电动车行业和新日电动车，和竞争对手区隔品牌形象、拉开品牌差距，另一方面是大大激发了新日员工及合作伙伴的荣誉感，新日电动车能和一大批国际知名企业并肩服务奥运会，本身就是企业的骄傲，也是这个草根行业的骄傲。

不曾想到，新日电动车结缘奥运会，同样也大幅激发了全国各经销商的合作热情和信心。

长期以来，新日电动车始终执行营销环节扁平化管理的经营策略，极少与省级代理商合作，而是直接发展二三级市场即市县级代理，以此提高了与经销商的沟通效率，提升了市场反应速度，并由于沟通环节减少而降低了渠道成本。

“在新日电动车成为奥运会签约服务商后，我们和经销商的合作关系更加紧密。”胡刚表示，此前曾有权威机构专门做过一项调查，发现约50%的受访者表示会优先选择赞助过奥运会的企业的产品。因此经销商对新日服务奥运的品牌举措非常欢迎，且热情高涨，几千辆新日电动车在服务奥运后被经销商争抢一空摆在门店里面招揽顾客，据说有不少顾客愿出高价指名购买新日奥运电动车时经销商通常都舍不得卖。

不过，当新日3025辆电动车行驶在北京奥运会竞赛和非竞赛场馆，数以万计奥运盛会志愿者、运动员、奥组委工作人员亲身乘坐新日电动车时，胡刚意识到，新日电动车的品牌价值，已远远大于当初的投入。由于协助北京奥运会向世界兑现了“科技奥运、绿色奥运”的承诺，以及在奥运史上首次实现奥运中心区域3.8平方公里的尾气“零排放”，新日电动车获得国际奥委会主席雅克•罗格、北京奥组委主席刘淇及北京奥组委交通部等机构的高度赞扬和表彰。

夺人眼球的新日电动车

由品牌中国产业联盟撰写的《北京奥运与品牌中国研究报告》显示，新日电动车取得类似中国石化、国家电网、大众汽车、燕京啤酒、搜狐等著名品牌的营销绩效。同时，研究报告对新日电动车给予高度评价：“通过奥运会，新日电动车的知名度和美誉度在短时间内飞速上升，崛起成为一个强势的知名品牌。”

2009年，新日以37.25亿元的品牌价值入围世界品牌实验室发布的《中国500最具价值品牌排行榜》排行榜，超越5家汽车企业；并荣获中国纯电动交通工具行业首家被国家工商总局认定的“中国驰名商标”。

正是新日服务世界三大顶级盛会，新日电动车的品质得到了国际奥委会主席雅克•罗格、上海世博局、西安世园会组委会等权威人士和机构的广泛认可和赞誉，也吸引了美联社、美国《福布斯》、英国路透社、美国《时代》周刊、德国国家电视台、日本朝日电视台等超过20家国际媒体的关注和报道。

品牌价值大幅提升的结果，是新日电动车赢得包括中共中央警卫局、北京市公安局、中国移动、中国电信、中国邮政、宝洁公司、肯德基、上海东方明珠、苏宁电器、人民日报、CCTV、新华社等知名机构的合作与认同。

随着新日闪耀奥运会，新日电动车经常接到不少咨询电话，有些在北京看到新日电动车的人都主动打电话过来要求购买电动车，还有一些其他城市的博物馆、政府、企业纷纷打电话要求订购一些贵宾观光车等。经过粗略统计，因为服务奥运会这一项，所以在2008年新日当期销量增长15%以上。

与此同时，新日电动车积极推动企业科学发展观的教育和引导，由于成绩突出，作为江苏省非公企业和新社会组织的典型，经中共中央组织部审查和推荐，新日党建工作经验还被中央电视台《新闻联播》栏目报道表彰。

在新日电动车内部，服务奥运会取得的巨大成功，也让管理层重新评估新日电动车所承载的行业发展使命，此前个别管理层还担心新日电动车若投入大量精力为“绿色奥运”设计高效能多用途电动车，在产能扩张与市场竞争环节就少了一份投入，但现在所有管理层都已经开始思考，如何让电动车从简单的交通工具，变成未来整个世界绿色交通的领航者。

2009年3月，新日电动车率先发出呼吁——将电动车列入“家电下乡”目录。此举得到全社会、各方媒体和政府部门的广泛响应和支持，2010年3月，国务院常务会议批准在江苏、山东、河南等10省开展“电动车下乡”，电动车享受13%财政补贴（上限260元）。截至2010年8月最后一个省电动车下乡招标揭晓，新日电动车“十省全中”并以240款的中标型号总数雄居全国144家中标企业首位，由此新日也被称为“标王”。

北京奥运会后，根据早期策略，新日管理层很快作出决定，要“借势奥运”继续服务上海世博会，同时进一步加大电动车在品质、性能与环保技术革新方面的研发投入。

在2010年上海世博会上，新日电动车推出四座、八座、十四座的贵宾观光车及志愿者和工作人员骑的两轮电动车，并填补了国内空白的纯电动医疗救护电动车、运送钱币的纯电动运钞车、新闻采访电动车。据统计，由新日电动车提供的450辆两轮和四轮电动车在世博运行期间累计减排559吨，相当于在园区内种植了1.2万棵40年的参天大树的减排效果，因在“节能环保，爱护环境，爱岗敬业，友善生活”等方面的杰出贡献，董事长张崇舜、总裁赵学忠等多人荣获“世博城市之星”称号。

在世博会期间，包括德国总统克勒的夫人、新加坡内阁资政李光耀、上海市市长韩正等政府高层领导，马来西亚、牙买加、韩国、葡萄牙、新西兰等国的科技、农业、能源、旅游、贸易等部长级官员，欧莱雅、迪奥、微软等跨国公司高管以及郎朗、姚明、刘翔、成龙、张学友、罗志祥、应采儿等明星总计5000多位贵宾乘坐新日电动车游览世博园，让新日电动车所倡导的绿色交通理念吸引更多人的关注。新日因此也荣获了上海世博会颁发的“特别贡献奖”。

在2011年4月西安世园会举行期间，作为世园会全球合作伙伴的新日200多辆电动车累计行驶里程超过356万公里，为世园会减排约3500吨，为1572万游客创造了良好的绿色交通环境，被世园会组委会授予“突出贡献企业”荣誉称号。

著名歌手王力宏（中排）乘坐新日电动车

“通过三大盛会，奥运会几百万人，世博会7000多万人，世园会1500多万人，累计近1亿人现场近距离感受新日电动车作为绿色环保产品的卓越性能，也给新日进一步开拓全球市场提供最有力的背书。”新日电动车总裁赵学忠说。正是因为服务三大盛会的影响，新日电动车仅用约一年时间，就开辟了近40个国家和地区的新日电动车营销网络。也是因为三大盛会，新日成了行业唯一一家获得联合国工业发展组织 “绿色文明贡献奖”和“APEC中小企业20强”两项国际大奖的企业。

“最重要的是，在接连参与服务三大世界级盛会后，新日电动车管理层经营思维迅速转变，不再把目光仅盯住抢生产速度与促销等传统竞争手法，而是把新日电动车定位为未来整个世界绿色交通的领航者。”赵学忠表示，在品牌形象和价值大幅飙升之后，随之而来的是企业在技术研发投入、生产服务质量从严把关、员工管理人性化与业务操作流程化方面的一系列蜕变，使新日更加从品质、服务、技术三大核心方面追求与品牌相适应的内涵支撑。

第二节　给力技术创新

一家企业的蜕变，总是先从细微处开始。新日电动车蜕变的起点，来自技术科研力量的革新。

新日电动车服务北京奥运会后，胡刚发现电动车企业也开始受到科研机构的关注。

“当时有十家以上的科研机构或专利持有人都主动找到我们，提供他们的电动车科研成果。应该说，这些因品牌影响力而吸引的社会资源价值难以估量。”胡刚回忆说。

而新日本身是一家重视技术的公司。在新日电动车发展初期，新日电动车董事长张崇舜愿付出三年几乎不赢利的代价，买断中科院物理所三环公司研发的新产品——直流无刷轮毂电机，只因这项技术能让电动车行驶时几乎没有噪声，干净且无须维护，使用寿命长达10年以上（是有刷电机的约3倍）。

事实证明，张崇舜对科技创新的推崇，取得了意想不到的成果。2009年，新日电动车先后推出“晶胶电池”、“多段式数码脉冲充电器”、“数码磁王双动力电机”三大新型核心技术，其中“晶胶电池”率先在世界动力电池领域将三包期从12个月延长到24个月。时隔一年后，新日电动车又成功主导研发出同步变频电机与NCB电池。

为验证新日电动车三大核心技术的稳定性与可靠性，新日电动车还与世界500强惠普、杜邦一起参加“2009地球第三极珠峰大行动”，在珠峰地区进行世界海拔最高的电动车科技实验，为高海拔地区应用绿色交通工具收集了宝贵的科学数据，并在珠峰地区建成了世界海拔最高的电动车租赁站。

2010年，新日电动车在新华社的帮助下，跟随中国极地科考船“雪龙号”，来到了北极，又一次“登峰造极”。

外国友人在世博园区试驾新日世博电动车

“三大核心技术的成功研发，让我们对成为世博会赞助商和世园会全球合作伙伴更有技术底气。”胡刚说。在为上海世博会专门研发的多种款式电动车上，汽车刹车系统、专用防刺穿轮胎、全铝合金轮毂、全景夹胶玻璃等新技术首次被应用，以确保新日电动车驾驶起来安全舒适、操控性达到轿车水平，在使用过程中几乎无噪声，车辆整体的匹配性极好，一次充电后续航里程可达100公里以上。

新日电动车也陆续品尝到技术革新带来的丰硕果实。尽管新日电动车售价比行业其他主要品牌产品价格平均高出约10%，但在品质和技术的支持下，服务奥运、世博、世园等重大世界级活动的新日品牌带动销量实现多年高速增长。

新日电动车董事长张崇舜坚信“投资科研就是投资未来”。目前，新日电动车年均科研投入几千万元，近期甚至出资数百万元购买一套世界领先的研发软件。此前，新日电动车建立了全球最大的多功能电驱动车研发中心与检测中心，与中国科学院、清华大学、合肥工业大学等科研机构和高等院校建立产学研一体化战略合作关系。2009年，新日电动车还先后获批设立了行业内首个“博士后工作站”、“院士工作站”。

在引进大学科研力量等外脑的同时，新日电动车还抓住服务三大盛会的契机，从内部挖潜提升电动车生产环节品质管控水平。

外国友人也试驾一把新日世博电动车

检验技术创新是否合适的重要标准，还要靠严格的品质测试。胡刚透露，在新日世博电动车生产环节，全公司精心挑选出技术精良、素质最高的生产一线员工，成立新日世博制造专线，从鞍座车架的液压减震、环保油漆的喷涂、轮胎的防刺穿到数码磁王双电机的噪声、电池的充放等各个方面严格检测把关，在出厂交付前还需要抽样经过严格的过钉板、爬坡、撒把骑行、载多人骑行、抗摔等一道道实际应用检测程序，从一系列破坏性试验中检测世博电动车的安全性能、骑行品质等。

如今，这套严格的安全测试标准已被运用到新日电动车日常生产环节。

“技术创新给人们带来的是舒适感与安全感，光有技术创新，没有舒适感与安全感的评定标准，是远远不够的。”胡刚表示，技术创新变革的背后，则是新日电动车拥有长期高速发展的动能，“现在很多技术部门员工相信，自己也是改善整个世界绿色交通的一分子，这是新日电动车服务三大盛会所得到的意外收获。”

第三节　“群策群力”模式的确认

拥有了技术，拥有了品牌知名度和美誉度，拥有了大量市场份额后，摆在新日电动车面前的，并不全是坦途。

“企业管理层讨论最多的，是当一家企业做大后，如何能确保竞争优势长期保持下来。”胡刚指出，这需要将企业发展过程中的优秀经验用规章制度巩固下来，把企业发展过程中的缺漏用群策群力克服。

在新日电动车内部，部分管理人员正在研究一种销售预测数学模型，相比以往生产订单主要依赖历史产量数据与销售经理经验判断的订单总量，先进的数学预测模型更强调历史规律的把握和特定季节性因素的拟合。

目前，这项销售预测数学模型正在最后调研阶段，待各项论证数据收集完毕后，将直接形成方案递到最高决策者的办公桌上。

其实，新日电动车管理团队已发现在订单管理上所存在的某些瑕疵，如新日电动车国内上千家经销商向新日电动车下达订单的方式五花八门，有的是电脑邮件传送，有的是直接打电话或发传真，往往造成订单统计时时常出现疏漏，而生产部门则往往会多生产一些电动车备用，从而增加公司库存，造成资源浪费。

“公司一般是采用群策群力的方法先会同各个生产部门负责人讨论这项预测模型的可行性及试验论证过程面临的数据缺失等问题，最终在征求大家意见后再决定如何执行。”胡刚指出。

不过，随着新日电动车销量规模逐年快速增长，摆在新日电动车面前的规范化管理难题，还有如何在进一步完善渠道扁平化管理的同时，理顺公司内部与经销商、供应商之间的协同关系。

长期以来，新日电动车始终贯彻创业初期的经销商管理模式——不与省级代理商合作，而是直接发展二三级市场即市县级代理，其优点主要是避免省级经销商店大欺客，也能将企业各类促销信息与活动以最快速度传递到各个经销商，降低中间环节的信息传递错误；然而渠道扁平化管理也给公司区域经理带来很大的工作压力，他们在管理国内众多经销商的同时，还要面对不同类型经销商出现的各类业务操作难题。

部分经销商属于夫妻店运营，地处相对偏远的市县，向新日电动车下订单时往往采用较原始的电话下单或发传真下单，容易造成订单统计缺漏；在促销信息传递方面，尽管渠道扁平化管理的信息传递最优化，让各类促销信息能在最短时间内准确传递给各经销商，但每个经销商对促销活动的各种疑问，往往让区域经理疲于招架。

经销商反映最多的，仍是售后零部件供货不及时与企业信息渠道局部不一致等问题。而新日电动车为此多次协调各个部门寻找原因，结论首先是公司某些信息没有统一口径，如配套零部件供货往往是几个部门各有说辞，最终让经销商难以了解谁的说辞“最权威”；其次是公司各部门在某些信息共享方面仍不够透明化，信息传递成本很高且具有不确定性。

因此，新日电动车投入大量精力来完善授权流程。目前在新日电动车员工内部，管理授权表超过40项，各种流程超过300个。

而这套授权流程的建立，主要源于新日电动车在服务三大盛会期间所建立的一系列生产质量管理措施。在向世博会提供多款多用途电动车期间，新日电动车方面由胡刚亲自担任项目负责人组织协调项目过程中的各种事务，大生产系统对成品严格检验和验收，形成系统的全过程质量监督体系。

后来，很多质量监管措施都被列入业务申请与授权流程，成为企业内部管理规范化的催化剂，并以此形成一套员工问题反馈操作流程，让员工对公司存在或出现的管理操作不规范问题提出意见，确保新日电动车在协商经营决策时能够群策群力。

"世园会小蜜蜂"骑电动车与长安花合影

正是这套问题反馈机制，让新日电动车管理层在员工管理方面更趋向人性化。

除了连续三年启动包租"返乡专车"免费送员工开心回家过年外，在新日电动车无锡生产基地员工餐厅，来自陕西的厨师占比超过50%，这是新日电动车专门从陕西省招募来的，为的是给无锡生产基地约50%的员工烹饪当地口味的可口饭菜。

新日作为一个负责任的企业公民始终积极履行社会责任，广泛参与社会公益事业，向社会累计捐款捐物价值超过5200万元，并连续数年帮扶珠峰脚下世界海拔最高的西藏曲宗巴松小学45名特困生；捐赠建设无锡市"新日阳光家园"；在"5·12"汶川大地震后，新日在捐款捐物价值207万元的同时，还派出赈灾特遣队奔赴四川德阳什邡市红白镇，深入灾区进行救助。

"或许，民营企业起初未必能感觉到群策群力的价值，但当它面临市场竞争环境骤变时，这种群策群力能让企业一次次渡过难关，走向成功。"胡刚直言。

第四节　无惧"行业剧变"

胡刚所指的市场竞争环境骤变，即去年上半年接连出现的"肃铅风暴"与电动车"新国家标准"争议。

2011年，电动车动力电池主要部件——铅酸蓄电池行业遭遇被称为史上最严厉的“肃铅风暴”，很多大型铅酸蓄电池企业纷纷整顿停产，部分小企业被取缔关停，直接导致下游产业——电动车生产行业深受牵连，一度出现铅酸蓄电池供应紧张甚至无电池可用的经营困境。

“当时铅酸蓄电池价格涨幅很快，基本是一天一个价。”新日电动车一位采购经理表示，“由于95%以上的电动车采用铅酸蓄电池，在去年8—9月份，电动车行业严重缺货达到高潮，铅酸蓄电池最高时价格同比上涨约50%。”

但深谋远虑的新日早已与一些电池厂商签署了战略合作协议，基本上规避了这次“肃铅风暴”，在胡刚看来，这种战略合作协议设定了合理电池价格，既让供应商不再担心价格回落对订单的损失，也无须担心新日电动车可能因更换电池供应商所带来的经营损失。

随着去年10月底被整顿的铅酸蓄电池企业通过环评后陆续恢复生产，铅酸蓄电池不可避免地出现价格回调，而新日电动车此前用长期供货协议替代高价抢购铅酸蓄电池的行为，则省下大量采购成本。

2009年末，国标委计划出台新的国标并于2010年开始实施，该国标的核心在于，让电动车上机动车道。这个国标受到了全国媒体和消费者的热议。新日作为国内电动车行业龙头企业积极向社会呼吁，新国标应充分考虑电动车行业发展实际，尊重科学，重视民生，响应环保低碳的基本国策，主动引领包括CCTV《经济半小时》等多家权威媒体的关注，时至今日百度搜索“新日电动车新国标”的新闻仍然超过600条，这个量占到了行业前五名总和的2/3。最终国标委决定暂缓实施该国标。

2011年，成功避免“肃铅风暴”引发的铅酸蓄电池抢购潮冲击后，关于电动车“新国家标准”的争议又横空出世，这给新日电动车等企业带来更强的经营考验。

去年3月，国家公安部、工业和信息化部、国家工商行政管理总局、国家质量监督检验检疫总局等四部委联合下文，强调最高时速大于20公里、整车重量大于40公斤的电动车属于“超标”车。

事实上，随着过去10多年电动自行车技术的突飞猛进和消费者对电动车行驶需求的日益提高，如今一组分量最轻的电池重量都接近20公斤，整车重量早已超40公斤。而业界认为，电动车已成为很多居民不可或缺的出行工具，故提出构建一个社会、企业、消费者等共同支持和认可的“新国标”尤其重要。

多年来在技术研发方面的大手笔投入及在技术创新方面所取得的巨大成就，让新日电动车最终成为自行车国家新标准的主要起草单位之一。当然，此前新日电动车与媒体在普及电动车应用的传播效应上，功不可没。自2009年8月28日起，新日和CCTV-7农业节目联手打造的16集首个电动车系列专题节目正式开播，新日专业技术人员现身荧屏，给广大消费者讲述电动车科普知识，单期节目收视率超过0.5%，引起社会广泛好评。

“不可否认，连续服务奥运会、世博会与世园会给新日电动车带来的无形品牌价值，在电动车行业准入门槛面临剧变时，一项最简明的企业竞争规律可能改变一家企业的命运：一流企业做标准，二流企业做品牌，三流企业做产品。”胡刚表示。

游客乘坐新日贵宾电动车游世园

在参与电动车新国家标准起草的同时，新日电动车的全国战略布局步伐悄然加快。

2011年6月，我国中西部地区最大的电动车生产基地——新日电动车襄阳工厂正式投产。

这也是新日电动车全国化经营战略布局的重要一步规划。新日电动车物流成本在全国差异很大，其中无锡运到邻近周边城市的物流成本低至约40元/辆，但从无锡到甘肃等中西部省份的物流成本则占到当地售价的约10%，不利于中西部省份经销商拓展市场空间。在襄阳投产后，新日电动车在中西部省份的销售物流成本大幅下降，有利于拓展西部二三线城市的市场份额。

之所以选择襄阳，在胡刚看来，主要是基于襄阳优越的地理位置、发达的汽车工业和物流产业、具有服务精神和积极向上的襄阳政府。

“这是新日电动车完成战略目标的重要布局措施。”胡刚强调说，按照新日电动车的战略规划，到2015年，新日电动车将实现年产销各类电动交通工具400万辆，销售收入突破100亿元；到2020年，新日将成为销售额达到300亿元以上、对电动汽车行业有影响的、在中国企业界有知名度和影响力的大中型企业。

今年5月，英格兰足球超级联赛俱乐部曼联市场官员飞抵中国无锡，与中国民营企业新日电动车进行一次初步的商务洽谈，希望能与新日电动车进行合作，进一步共同拓展中国市场。

在新日电动车管理层眼里，这无疑是新日电动车又一次迈向世界的机会。

“曼联俱乐部官员送给新日电动车一个有曼联所有球星签名的足球，有员工半开玩笑半认真地说，要把这只足球再签上新日电动车的名字，踢向全世界。”一位新日电动车员工表示。

【专家点评】

蒋青云（复旦大学管理学院市场营销系主任、教授、博导）

“参与式”重大事件营销的成功尝试

新日从全行业2000多个品牌中的普通一员，迅速攀升至行业领导者的地位，事件营销扮演了十分重要的角色。

与一般事件营销相比，新日的事件营销很有特点。第一，它选择的都是奥运会、世博会和世园会那样具有全球影响力的重大事件；第二，它的事件营销方式不像大多数企业那样只是被动地成为广告和宣传的对象，而是积极投身于这些重大事件的服务过程之中。因此，我把新日的事件营销称为“参与式”重大事件营销。

这样的营销方式对新日这几年的发展具有异乎寻常的推动作用。

首先，参与重大事件，对于提高新日的知名度和公司声誉具有历史性的推动作用。这也是新日选择奥运、世博等重大事件进行赞助的首要出发点。作为电动自行车供应商，新日将目标市场锁定为大众市场，而这些重大事件恰恰是大众最为关注的事件。由于采取了积极的品牌传播策略，因此新日品牌的知名度和价值均获得了显著的增长。

其次，参与重大事件的运作过程，能使新日的公司能力在经受重大挑战的同时，迅速获得实质性的提升。无论是奥运会的产品赞助还是世博会、世园会的园内交通支持，都有着最为严酷的产品和服务标准，新日公司除了按照标准提供高质量的产品和服务之外，还必须不断开发和改进产品的技术，提高公司的研发实力和水平，并根据这些大型事件的要求调整和改进产品。这些都使新日的公司能力得到了全面的巩固和提高。

最后，参与重大事件营销，有利于新日公司学习和完善品牌管理体系，进一步提高品牌营销的水平。在参与赞助重大事件的申请、考察、评选和评估等一系列过程中，新日公司会和很多草根企业一样，从与事件组织者、竞争对手和各种宣传者的对话和互动中，学到先进的营销理念，并推动公司进一步提高品牌营销的策略选择和品牌执行能力。

当然，新日的品牌建设之路还很漫长。从案例提供的事实和数据看，新日公司的品牌建设还处于发展初期，不少行动和措施还显得比较粗糙，特别是如何将品牌内涵和重大事件有机地联系起来以寻求营销创意，以及如何通过重大事件营销建立并维护新日的品牌资产等等，还需要不断学习，日日创新。

长城润滑油

2002年，中国石化正式成立了润滑油公司，整合旗下的润滑油资源，统一推出了长城润滑油品牌，以此顺应消费市场的改变，应对外资品牌带来的强大压力。十年沧海桑田，伴随我国成为世界第二大润滑油市场的脚步，长城润滑油的产品销量始终高速增长，在竞争最为激烈的中高端产品市场，长城润滑油占据了30%的市场份额。世界品牌实验室公布的2011年《中国500最具价值品牌排行榜》显示，长城润滑油2011年的品牌价值达到179.34亿元，位居第52位，连续8年居我国润滑油行业品牌价值榜首，品牌价值每年增幅都超过10亿元。

长城润滑油对品牌影响力和个性的打造，特别是紧密围绕『航天』提升品牌知名度和美誉度的战略决策，也称得上长城『飞天』的催化剂。

长城润滑油：从突围到突破

“润滑油市场可能会颠覆国内消费者对传统石化行业的认识。事实上，润滑油一方面属于石化产品中比较有科技含量的高端产品；另一方面，它也是目前国内市场竞争最为激烈的产品。因为我国在1992年的时候就把润滑油市场完全放开了，当时就有很多外资品牌进入中国，因此，这个行业的市场化程度非常高。”

在介绍长城润滑油的航天营销大事件时，长城润滑油品牌部主任皮天福的开场白却是从20世纪90年代开始的。当时，国产润滑油面临着双重挑战：一方面，国内消费环境和消费方式都有了较大的改变，国产润滑油品牌需要迅速转型，以适应市场发展；另一方面，美孚等国外品牌凭借其国际品牌的优势在中国润滑油市场一路扶摇直上，对国内润滑油市场形成强烈的冲击。

在此种情况下，2002年，中国石化正式成立了润滑油公司，整合旗下的润滑油资源，统一推出了长城润滑油品牌，以此顺应消费市场的改变，应对外资品牌带来

的强大压力。十年沧海桑田，伴随我国成为世界第二大润滑油市场的脚步，长城润滑油的产品销量始终高速增长，在竞争最为激烈的中高端产品市场，长城润滑油占据了30%的市场份额。世界品牌实验室公布的2011年《中国500最具价值品牌排行榜》显示，长城润滑油2011年的品牌价值达到179.34亿元，位居第52位，连续8年居我国润滑油行业品牌价值榜首，品牌价值每年增幅都超过10亿元。

结合今日的成绩，再回首中国石化润滑油公司为长城润滑油确定的品牌定位：高科技、高品质和国际化，可见其并非妄言。在这个过程里，中石化花费大力气整合旗下资源，提高技术实力和产品品质是重要的基石。但同时，奥美广告创始人大卫·奥格威在其品牌形象论中曾经指出：最终决定品牌市场地位的是品牌总体上的个性，而不是产品之间微不足道的差异。因此，长城润滑油对品牌影响力和个性的打造，特别是紧密围绕“航天”提升品牌知名度和美誉度的战略决策，也称得上长城“飞天”的催化剂。

第一节　品牌整合

“放弃其他品牌集中生产‘长城牌润滑油’，这成为长城润滑油得以飞速发展的起点。”中国石化润滑油公司总经理宋云昌指出。

中国润滑油市场自20世纪90年代放开后，其巨大的市场潜力引来了包括美孚、壳牌、埃索、BP、嘉实多在内的几乎所有国际知名润滑油品牌。恰在此时，国内润滑油市场也开始从被动竞争发展到主动竞争的阶段。

90年代以前，润滑油一直都是石化企业的副产品。国产润滑油更注重的是对专业司机、维修点的销售，认为只要货品铺到了，其他都不重要。但是，随着中国私车市场的快速发展，非专业司机也就是普通大众逐步成为润滑油消费的主体。润滑油已经开始从工业品向日常民用消费品转化，甚至摆上了大型超市的货架。而民用消费品的消费特点与工业品完全不同，与之相应的市场拓展方法也完全不同。

对普通大众而言，他们更加注重对自己爱车的保养和维护，但对润滑油这样的高附加值产品却了解不多，因为消费的非理性色彩浓厚，“品牌”的认知往往成为最重要的决定性因素。美孚、壳牌这些国外润滑油品牌巧妙地利用了这种心理，凭借自身国际知名品牌形象，迅速获得消费者的青睐，尤其在高端市场更是拥有绝对的统治力。要知道虽然高端产品只占到20%的市场份额，但利润却占到整个市场的80%。

在这个过程中，国产润滑油品牌开始认识到必须改变过去的竞争方式。以中石化为例，当时中石化旗下润滑油有一坪、燕山、环球、南海等多个品牌。应该说，中国石化的技术和生产能力不成问题，但品牌却过于分散，资源的利用上也非常分散，不但不利于消费者接受和认知，更存在内部竞争的情况，自然也谈不上一致对抗国外品牌了。

在此情况下，中石化决定进行大刀阔斧的改革，因为对中石化来说，瞄准的竞争目标并不是区域品牌，而是跨国品牌。2002年，中国石化对所属的所有润滑油业务进行了整合和重组，成立了润滑油专业公司，将品牌统一命名为“长城”。从生产、开发到营销实行专业化的统一管理，值得一提的是，中国石化润滑油公司也是中石化第一家专业化探索的公司。

事实上，这一整合并非只是给所有的产品打上统一LOGO那么简单，中国石化润滑油公司在2002年成立，又过了两年，直到2004年才全部完成整合，将所有的产品统一成长城润滑油。整合的头等要事是统一标准和质量，中石化在全国有多家分公司生产润滑油，怎么能保证所有公司的产品有统一的标准和质量，如何在技术、质量和生产上作出改进，都是中石化在整合过程中绕不过去的门槛，但这还不是最难的挑战。

最难的挑战在于企业文化的整合，包括职工情感的整合和融合，让所有人都对这一项新的事业有一个共同的认识，这是需要耐心和沟通技巧的事情。从人之常情而言，当时很多区域品牌是中石化分公司员工们凭借着自己的感情和汗水建立起来的，他们舍不得扔掉自己亲手创立的品牌，因此，中石化并没有一刀切和盲目追求效率，而是在组建润滑油公司之初保留了三个品牌，从大局出发，直到2004年才最终整合到长城品牌。在这个过程中，公司对下面各个分公司和全体员工不断采取正面引导的做法，让他们认识到只有舍弃自己的小品牌和区域品牌，才能获得更大的品牌和更大的发展空间，其间还通过一些“特殊”的方式向员工们宣传这一思想。比如在重庆分公司，当时还专门创作了一个小品，反映品牌整合的过程中，老中青三代职工对润滑油品牌的理解。在这个小品里，老一代职工对老品牌割舍不下，而年轻人通过思想工作和实际成果展示来劝说他们认同了新的策略。

皮天福在接受采访时说道：“品牌的整合，思想的融合，产生了凝聚的力量，长城润滑油通过专业化发展，市场规模迅速扩大了，品牌影响力增强了。事实和数据是最好的教材，大家都感受到了公司发展过程中品牌带来的力量，感受到统一品牌为企业发展带来的活力。”

中国石化润滑油公司的“历史问题”使得营销有了更深层次的内涵。

第二节　航天三部曲

如前所述，当润滑油处于工业品市场时代，品牌尚未受到重视，但在民用消费品领域，品牌的影响力在某种程度上至关重要，在统一和理顺了旗下所有润滑油品牌和资源后，中国石化润滑油公司确定了坚持品牌经营的理念，而且将目标定位到“中国的世界级润滑油品牌”。具体到品牌定位，这一目标又可以分解为三个关键词：高科技、高品质和国际化。此后，根据大众消费的特点，公司开始了一系列针对性的品牌推广工作，这些工作包括：

锁定导演张艺谋。2004年春节前后，中国石化润滑油公司邀请张艺谋担当导演的长城润滑油广告《风云篇》在央视黄金时段隆重推出。广告借风云推移、变化万千的气象，寓意润滑油对于动力的重要性，使用户从汹涌澎湃、激昂动力中感受到长城润滑油所释放出的巨大力量。那时，在央视黄金时段投广告的企业很多，但邀请一线导演，以电影化的手法表现广告的企业并不多。而今天越来越多的企业开始把广告和电影艺术结合起来，促成了“微电影”概念的诞生。2004年的长城润滑油意识虽然没有超前到这一步，但邀请张艺谋导演赋予广告作品电影化的影响力和生命力，称得上开创之举，自然，“长城润滑油——引领中国动力”的广告词也在消费者心智里埋下了深深的影响。

与此同时，长城润滑油也在不停地寻找更加大众化和容易引起消费者情感的品牌营销平台，因为高科技是长城润滑油的三大品牌内涵之一，可高科技容易让大众产生距离感，他们需要和消费者建立更深度的情感互动，让品牌产生良好的亲和力。2008年，北京奥运会开幕，这无疑是一个得天独厚的营销平台，长城润滑油也抓住了这次良机，成为奥运会正式用油，除此之外，牵手F1中国、组建珠峰环保登山队、开展“畅行2008”文明交通活动、成为中国南极科学考察船“雪龙号”的唯一油品供应商都成为长城润滑油事件营销的一部分。

但对长城润滑油来说，单有这些营销事件还不够，因为从某种意义上来说，这些营销事件相互之间是孤立的，它们更多的是“应运而生”，根据时下热点所做的一项事件营销，长城润滑油还需要一项持续，甚至可以持续数年之久的营销大事件，以有力地拓展品牌的内涵和外延。

一、定位

长城润滑油选择“航天”作为品牌营销的重要事件。

对中国消费者来说，航天是一个独一无二、不可替代的优势资源。航天技术是世界上技术最复杂、难度最大的巨型工程，更是一个国家科技实力和综合国力的代表，同时还代表着中国消费者的民族自豪感和爱国热情。事实上，对中国消费者来说，最有影响力和号召力的品牌并不是哪个企业，而是“中国航天”、“神舟飞船”。 从调查机构的调查数据来看，“航天”的关注度明显高于F1等其他事件。各类用户对于航天的关注度都明显高于车赛等其他事件。航天对于不同类型的用户来说，都能引起广泛的关注，在各类用户中几乎都有90%以上的人知道一件以上的航天事件。与竞争对手当前选择的各种营销事件相比，经常关注航天相关信息的人数比例明显高于其他事件。

而长城润滑油和航天本身就有着天然的联系，一方面，长城和航天其实都是中国文明的象征，不同的是一个是古代文明，一个是现代科技和国力。此外，自从20世纪60年代起，长城润滑油实际上就和中国的航天事业结下了不解之缘，从“两弹一星”到“长征”系列运载火箭都可以看到中国石化润滑油产品的身影。中国航天从现在的成长到未来成熟的过程也会是国民的热情逐步沸腾起来的过程，这个过程只此一次，不可能反复，长城能够伴随着这个过程展示自己的品牌，是千载一遇的机会。同时，长城服务航天有50年的历史，渊源很深。在此期间，中国的航天精神也为长城品牌打下了深深的文化烙印，表现在产品上就是对品质一丝不苟的不懈追求。因此，公司总经理宋云昌敏锐地意识到了长城润滑油自身所具备的航天科技这一与生俱来的差异化内核，并强势推出了长城润滑油的“航天科技战略”。

确立了“携手航天”推广战略后，中国石化润滑油公司也深刻地认识到，如何将其转换成为品牌价值，是面对的一个既让人兴奋又非常艰难的课题。这就要求中国石化长城润滑油航天品牌营销不单纯是单项活动的推广，更是系统过程，行动涉及范围广泛。同时基于对市场、消费者的深入洞察，将中国石化长城润滑油与“航天”紧密联系并逐步升华到精神层面，并以此精神为桥梁，引发与目标受众之间的共鸣，从而正向引导社会及媒体舆论，表达中国石化长城润滑油基于创新探索、奉献航天事业的新国企精神，塑造品牌内涵，提升品牌形象。

二、落地

长城润滑油公司制定了以航天科技作为塑造品牌差异化形象的重要方向。首先，借助中国石化服务中国航天的历史与业绩，强化品牌与中国航天之间的关联性；从航天事业对润滑技术与产品的超严格要求和对润滑油研究开发技术的促进作用入手，让消费者关注润滑油的高科技高品质内涵；注重品牌联想延展性宣传，使航天科技与民用技术与产品的联系，最大限度地转化为产品优势。为此，中国石化润滑油公司从“神舟五号”开始，以中国航天系列事件为焦点，策划了“神舟”系列与“嫦娥”系列航天营销活动。

2003年10月15日，“神舟五号”发射成功，这是中国航天史上的大事件，也让中国民众欢呼雀跃。长城润滑油为“神舟五号”提供了全程润滑保障，同时他们围绕“神舟五号”成功完成任务进行了相关的新闻传播，不过，此时合作更重要的意义并非营销推广，而是与中国航天科技集团进一步建立紧密的联系。11月17日，中国航天科技集团在北京饭店举办了“庆祝我国首次载人航天飞行圆满成功答谢酒会”，宋云昌总经理代表中国石化润滑油公司出席了这次会议，并且受到中国航天科技集团的表彰。2004年年底，中国石化与中国航天基金会联合举办了新闻发布会。对外正式宣布了中国石化长城润滑油是中国航天专用油品的唯一供应商。

此后，中国石化润滑油公司一系列与航天相关的营销活动正式推进。可以看出，中国石化润滑油公司在此后一系列营销活动中目的明确，有条不紊，而且兼顾到了方方面面，层层推进。

首先是渠道商。2005年4月12日，在中国西昌卫星发射中心，“长征三号乙”运载火箭成功发射了“亚太六号”通信卫星。长城润滑油组织了部分渠道经销商现场观看了航天发射，这大大提升了渠道商对长城润滑油的认知度和信心。此后，长城润滑油又针对渠道商开展了一系列航天科技的主题宣传活动，如2007年11月29日，长城润滑油公司在广东正式启动了“长城揽粤”品牌传播计划。宋云昌总经理出席了启动大会，并表示，长城润滑油将做好销售渠道的调整和强化工作，提高渠道分销能力。

其次，针对公众，长城润滑油也布置了一系列沟通和推广活动。该系列活动不只是广告层面，更包括一系列地面推广以及公益性的活动。同消费者进行深度沟通。如2005年10月18日，长城润滑油公司组织在加油站、汽修厂等销售终端开展“先进科技，护航神六”的主题宣传活动，针对中国石化长城润滑油的消费者进行宣传，同时与爱卡网等媒体合作，开展消费者体验活动。让消费者亲身体验长城润滑油的航天品质。该宣传活动就紧密围绕润滑油产品层面，从公众最关心的实践应用入手，让消费者了解润滑油的相关知识，继而认识到长城润滑油的品质，而不是单方面的品牌灌输。

此外，长城润滑油也着手进行了一些公益活动，旨在激发和推广中国民众对航天的热爱之情。2007年11月10日，“假如我登上月球——长城润滑油杯儿童绘画活动”在北京拉开帷幕。北京、广州有数百名中小学生参加了此次活动，孩子们用画笔描绘出了自己对“月球生活”丰富多彩的美好向往和对中国航天的寄语。12月1

日至7日又在北京自然博物馆举办了绘画作品展。2008年5月，长城润滑油与航天员杂志社、航天员训练中心共同举办第一届“长城润滑油中国航天员体验营”招募活动，面向全国进行招募。2008年7月，40余名来自全国各地的中小学生齐聚北京航天城，进行为期四天的长城润滑油中国航天员体验营活动。该活动成为长城润滑油的保留项目。

长城润滑油的聪明之处在于，每一个孩子背后代表的都是一个家庭，而且很有可能是或者将要成为长城润滑油的客户，即便活动本身是纯粹针对孩子的公益性活动，但无疑会拉近这些家庭同长城润滑油的距离。

值得一提的是，长城润滑油之于“航天”并非一个品牌赞助这么简单，长城润滑油切切实实地参与到了我国航天事业的发展过程中。2007年11月1日，中国航天润滑技术发展研讨会在中国石化润滑油公司举办，中国石化航天润滑技术专家与几十位航空航天界专家会聚一堂，就国家未来空间战略发展需要解决的润滑课题，进行了充分探讨。出席本次研讨会的专家、学者包括国家航天界动力、机械、遥控等各个领域的技术专家，中国石化科技委资深专家委员、中国工程院院士侯芙生也参加了本次研讨。12日，中国石化—北京航空航天大学联合润滑技术联合实验室正式挂牌，双方针对以月球车为代表的一系列世界难题，进行相关润滑配套技术和产品研究开发。

在整个事件营销的过程中，长城润滑油同时辅之以大规模的广告投放，比如2009年，在中央电视台与澳亚卫视投放了航天主题“每一步篇”电视广告，在重庆、广东、湖南、辽宁的卫视频道投放航天主题广告，强化了中国石化与航天科技的关联，提升长城品牌的高科技属性。

如果说“神舟”系列是长城润滑油航天事件营销的第一个集团军作战阶段，那么围绕“嫦娥二号”卫星升空事件的营销则可以被视为第二个集团军作战阶段。在这一过程中，长城润滑油对第一阶段的经验和成果进行了总结，因此我们可以看到，围绕“嫦娥二号”的营销过程，长城润滑油的做法显得更加系统化和游刃有余，而且根据媒体和网络技术的发展增添了新的营销渠道，并科学地分解为三个战略阶段，有条不紊地全面推进。

第一阶段（2010年3月）：通过对外合作、签约，在社会及媒体舆论中形成有效的正向引导，将中石化长城润滑油企业品牌树立为行业内的领导者品牌形象。

第二阶段（2010年4月至7月）：通过对核心品牌“航天员体验营”进行事件整

合营销，实现航天营销战略不间断、可持续的节奏性发展。其间引入名人效应，利用知名演员苗圃吸引公众的注意力，同时借助大量的社交新媒体，如博客、微博、开心网、人人网等组成了完整的社交网络平台，和消费者直接沟通互动。

第三阶段（2010年10月至12月）：在“嫦娥二号”成功飞天后，聚焦中国探月航天事业所取得的成就。借势进行航天奖学金的发放工作，凸显中国石化长城润滑油在培养中国航天专业人才方面作出的贡献。

2011年则是继续深化全面工作的阶段。以保留项目长城润滑油中国航天员体验营为例，该活动吸引了5万余名孩子报名。不但活动规模大胜往日，而且形式也更加丰富多彩——7月10日至13日在北京航天城进行了开营活动，电影《飞天》主创人员、航天英雄杨利伟与小营员们一同举行了体验营闭营仪式。本次活动还与央视少儿频道《异想天开》栏目合作，该栏目对活动进行了全程跟踪拍摄，并以“我是小小航天员”为主题于10月22日在央视播出。

三、细分客户，针对性传播

在整个“航天”事件营销的过程中，对长城最大的挑战之一在于，其产品分为企业客户和个人消费者。长城润滑油的策略是单品牌，多产品系列。目前长城旗下润滑油有21个大类2000多种产品。如果针对不同的客户和产品单独设立品牌，就不利于资源的配置和优化，可是，工业配套和汽车类消费这两大类的润滑油产品，其品牌诉求不甚相同，其中汽车消费又可细分为整车配套和个人消费市场。在“航天”可以传递一个统一的品牌诉求——如科技、品质、民族自豪感的前提下，还需要长城润滑油针对不同的客户市场提炼出不同的品牌诉求。

首先，针对企业客户，长城润滑油的策略是，在工业配套市场，更强调自己技术服务专家的价值。因为客户种类同样千差万别，特别是很多工业企业的设备很多，大型化、密集化的设备也很多，所以他们都有着非常专业但又个性化的服务要求，因此在针对这些客户的时候，长城润滑油会跟客户强调自己的专业性，包括专业的品质和服务，即长城润滑油不但可以提供高品质的润滑油产品，而且还能提供针对性的润滑解决方案。一个简单的例子是，有些变压器是安装在一些沙漠和深山老林中的，维护成本特别高，甚至几乎没办法维护，所以必须要求终生都不需要更换。长城润滑油就要针对这样的应用环境来开发相应的产品。而在汽车市场，则强化航天级产品的专业性和安全指数，希望强化这样的用户印象：航天用油的技术实力和研发平台是汽车用油强有力的支撑和保障，航天尖端的润滑科技可以转化为车友们更好的驾驭体验。

其次，长城润滑油品牌部主任皮天福也承认，在个人消费者市场，与那些年轻用户沟通需要运用不同的方式："前几年，我们在与大众沟通当中开始注意这个问题，长城毕竟是有央企的背景，所以很容易让人联想到它的稳重有余而活力不足，所以我们在品牌沟通的过程中，注重研究沟通内容和沟通方式，让受众感觉到长城品牌既有科技感，同时又有亲切感，是离他们很近的品牌。2011年，长城润滑油组织了航天助威团活动，在团员招募时，采取了网络及微博招募的方式。目的就是让广大年轻人通过这种最时尚的方式参与进来，成为幸运者，获得到卫星发射中心观看火箭发射的机会，由此拉近年轻消费者与长城润滑油的距离。"

皮天福说，他注意到这次活动中有一个年轻的女大学生，在微博上得知这个活动后非常积极地报名和推广，让周围的人都知道有这样一件事，后来她也幸运地被选中了。此后才知道，这名女大学生之所以有如此动力，是因为她男朋友恰好去年毕业后被分配到发射中心，成为一名工作人员，女孩千里迢迢从厦门跑到西昌卫星发射中心，可因为男朋友工作繁忙，两人只相见了一分钟。皮天福说："千里迢迢就是为了一分钟的相聚，这个故事很感人，长城润滑油在帮她圆梦的同时，也让人感到长城品牌有人情味，非常亲切。"

值得一提的是，针对年轻消费者，长城润滑油不止在品牌宣传上下功夫，渠道拓展也顺应他们的消费需求。例如长城润滑油在淘宝上开办了业内第一家官方旗舰店，以顺应大众消费者热衷网购的新特点，并且不断探索社会化媒体营销模式，通过微博、论坛等传播形式与大众互动沟通，获得第一手的用户反馈，进而提供更有针对性的产品与服务。皮天福介绍："我们这个店现在口碑非常好，网上的评论都说大品牌做的店就是不一样，无论是包装、发票还是我们的回访服务，整套服务让消费者感到难以相信这是央企做的网站。他们难以想象央企市场化的步伐，能够捕捉这种最新需求。很难想象，但这就真正发生了。”

航天营销带给长城润滑油的影响和作用非常显著。

首先，多年的航天营销大大地提升了长城润滑油的品牌价值，对包括品牌认知度、美誉度、品牌档次、形象等各方面属性都产生了巨大的影响；经过多年的航天营销努力，航天已经成为长城品牌的一个重要的元素与符号，起到了无可替代的作用。一次调查数据可以说明这一点：30%左右的目标人群是因为航天营销而知道长城，40%左右的目标人群是因为航天营销而更加喜欢长城，超过10%的用户因为航天营销而购买或使用过长城润滑油，50%左右的人因为航天营销而觉得长城品牌档次更高……

其次，多年的航天营销已经使得航天成为长城品牌独有的属性与区隔竞争对手的重要工具，已经成为长城品牌的重要区隔符号。说到壳牌，大家想到的首先是F1赛事；说到长城润滑油品牌，大家首先想到的是对航天的支持。航天已经成为长城润滑油品牌区隔其他品牌的重要符号。

最后，多年的航天营销也促进了中国石化润滑油公司的企业建设，对于提升企业曝光率、外部资源获取能力以及激励内部员工有着不容忽视的作用。

与此同时，近年来中国石化润滑油公司的海外业务也发展迅速，其产品和服务已经覆盖全球40多个国家和地区，年增长率超过50%，并在中东、南非、美国、欧洲、新加坡、韩国等重点港口建立了船用油服务网络。2011年7月，中国石化新加坡润滑油脂项目开工建设，产能为10万吨/年，该生产基地将成为长城润滑油面向亚太市场的生产中心、物流中心和服务中心，由此进一步增强中国石化润滑油的国际竞争力。从中国石化润滑油公司重组成立起，十年的奋斗和成长，长城润滑油从突围到突破，成为中国润滑油市场的主导品牌。从长城的身上，我们可以看到中国润滑油行业的变迁和中国品牌崛起的足迹。

【专家点评】

陈　刚（北京大学新闻与传播学院副院长、教授、博导）

以积极和专业的态度腾飞

在日益动荡多变的市场环境中，品牌已经成为赢得顾客忠诚和企业求得长期生存与成长的关键，品牌竞争成为企业参与国际竞争的主要趋势。而进入品牌竞争时代后，央企的品牌意识也在不断增强，充分地认识到拥有高价值的品牌，是企业求生存谋发展，基业长青的根基所在。在我们曾经研究过的很多央企品牌建设案例中，隶属于中国石化集团的长城润滑油品牌建设在经历了从无到有、从小到大、从突围到突破的不同阶段后，真正实现了品牌塑造的华丽转身。

长城润滑油品牌的出现既是满足消费者消费转型的需要，也是其所属行业高度市场化的选择。面对开放时间早、竞争对手强、竞品种类多等诸多挑战，中国石化于2002年正式成立了润滑油公司，由于认识到了品牌的分散和资源的分散既不利于消费者的认知，又不利于在市场上与其他品牌抗衡，随后即对旗下的多个品牌进行了合理有效的整合，取名“长城”。同时还从公司业务、企业管理、生产技术、产品质量、文化建设等多个层面进行了大刀阔斧的改革，为长城润滑油的品牌发展翻开了崭新一页。所以说长城润滑油的成功，首先是因为其具有很强的市场意识和品牌意识，在激烈的竞争中认识到位、判断准确、思路灵活、改革大胆。

其次，长城润滑油的成功得益于其品牌战略的统一性和持久性。10年来，在“中国的世界级润滑油品牌”的品牌理念的指导下，始终围绕着“高科技”、“高品质”和“国际化”的品牌定位，制定开展系列化、连贯化和持久性的整合营销传播活动。例如，携手航天。“航天”即是长城润滑油与其他竞品的差异所在，同时也与该品牌的品牌定位相符合。从2003年的“神舟五号”开始，近10年来，持续以中国航天系列事件为焦点进行品牌传播。先后成功策划了“神舟”系列与“嫦娥”系列航天营销活动，以此引发目标受众的共鸣，引导社会媒体的舆论，传达中国石化长城润滑油基于创新探索、奉献航天事业的新国企精神，塑造品牌内涵，提升品牌形象。使得航天成为长城品牌独有的属性与区隔竞争对手的重要工具，成为长城品牌的重要区隔符号，大大提升了长城润滑油的品牌价值，扩大了市场份额，稳固了社会形象。

再次，该品牌的成功塑造还在于它传播理念的年轻化、传播手段的多样化、传播形式的多元化。长城润滑油曾邀请张艺谋为其拍摄电视广告，借助互联网开展消费者体验活动，通过微博、人人网等社会化媒体实现与消费者的互动沟通，投放央视广告，投身公益，借势奥运……从线上到线下，从传统的事件营销到日益盛行的数字营销，从电视、平面、广播到门户网站、手机、社会化媒体等，在每一次营销传播活动中，将多种媒介、多种营销方式有机地结合在一起，优势互补，进行有计划的针对性的营销传播，在传统和现代的融合中实现传播效果最大化。

综之，从长城润滑油的品牌建设案例中，我们不仅看到了一个品牌的腾飞和成功，而且更重要的是看到了央企在国际化的品牌竞争中那种更加积极和专业的态度，展现了以市场为导向，现代企业管理制度下的新时代央企敢于开拓、勇于创新的崭新风貌。

雙妹 SHANGHAI VIVE

瓶盖上的一对姐妹身着旗袍，顾盼生辉——70年前，她们频频出现在上海的老月历牌上，这就是诞生于1898年的『雙妹』品牌。雙妹在沉寂多年后，上海家化正试图让两位旗袍少女复活，使之成为海派高端时尚品牌的一种形象代表。

雙妹的重生，宣告了上海家化正式进军高端时尚领域的决心。在规模近千亿元但竞争残酷的日化行业，国产品牌的市场份额被挤压得不足20%。复活雙妹，不仅是一次大胆的尝试，而且更是一个民族品牌复兴的传奇故事。

是追求扩张速度还是恪守品牌定位，面对居高临下的竞争对手与合作伙伴时，应该在何处迎合，在何处互补，在何处坚持自身的特色，雙妹的探索对任何试图打造本土高端品牌的中国公司来说，都极具启发价值。

雙妹：优雅复兴

1080元的护肤霜、890元的香水、230元的香皂……这不是国外的顶尖奢侈品，而是完全“上海制造”的老品牌。瓶盖上的一对姐妹身着旗袍，顾盼生辉——70年前，她们频频出现在上海的老月历牌上，这就是诞生于1898年的“雙妹”品牌。雙妹在沉寂多年后，上海家化正试图让两位旗袍少女复活，使之成为海派高端时尚品牌的一种形象代表。

限量T恤

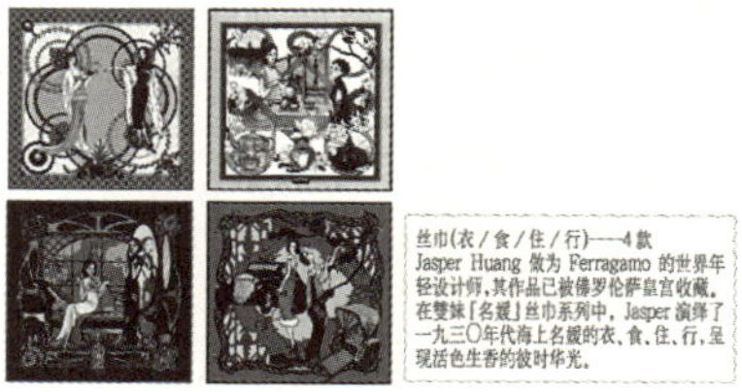

特色丝巾

雙妹的重生，宣告了上海家化正式进军高端时尚领域的决心。在规模近千亿元但竞争残酷的日化行业，国产品牌的市场份额被挤压得不足20%。复活雙妹，不仅是一次大胆的尝试，更是一个民族品牌复兴的传奇故事。

但家化的底气从何而来？在纷纷以低成本求优势的民族日化企业中，家化如何打破消费者的思维定势，使其接受本土创造的高端品牌？

上海家化联合股份有限公司副总经理王茁坦言：“要想成为享誉全球的中国高端时尚跨界品牌，雙妹还有很长的路要走。从研发、服务体系、店铺开拓到品牌传播、营销人才培养，雙妹都要精益求精。”

事实上，重启雙妹品牌的意义还远不止于此。是追求扩张速度还是恪守品牌定位，面对居高临下的竞争对手与合作伙伴时，应该在何处迎合，在何处互补，在何处坚持自身的特色，雙妹的探索对任何试图打造本土高端品牌的中国公司来说，都极具启发价值。

第一节　复活的勇气

一 、雙妹与上海共兴盛

雙妹品牌由上海家化的前身广生行创始人冯福田所创，1903年初登上海滩。1910年，雙妹入驻南京路475号，占据了其时最高端的时尚地标。1915年，雙妹旗下已经拥有众多美妆与香水产品，品类非常丰富、全面，其经典产品“粉嫩膏”在巴拿马世博会上摘得金奖。黎元洪曾亲笔为其题词——“材美工巧，尽态极妍”。其时的巴黎时尚界用“VIVE（极致）”盛赞雙妹的完美。由此，“SHANGHAI VIVE”就成了雙妹的另一个名字。20世纪30年代，雙妹成为上海滩首屈一指的品牌，销量曾击败过英国著名的夏士莲品牌。

1910年开始，雙妹聘请“月份牌画王”关蕙农、杭稚英和郑曼陀等月份牌名家为雙妹绘制广告。“一座由篱笆围绕的豪华花园里，两个身穿旗袍亭亭玉立的美少女并肩而立……”的月份牌，直到今天，仍受世界各地月份牌收藏者的青睐，成为中国月份牌的经典代表。

抗战时，雙妹逐渐淡出上海，直到2010年8月宣布复出，并在和平饭店开出首家门店。曾代表一段海派风情的雙妹阔别上海滩多年，还能唤起多少人的记忆？

一个时代可以落幕，唯有美丽亘古不朽。门店开张不久，来了一位老太太，问这是以前那个雙妹吗？服务生回答，是。老人拄着拐杖端详半天，600多元一瓶的粉嫩膏，买了6瓶。有一个在德国工作的上海女孩，对雙妹一见钟情，也买了好几瓶带回德国。

作为家化品牌家族中古老而年轻的一员，如今的雙妹在品牌渊源与文化气质上部分保留了原品牌的特质，但在产品与定位上则完全推倒重来。眼下，雙妹变身为涵盖化妆品、丝巾、配饰、鞋包等多品类的跨界奢侈品牌，从大众化的定位跃升至高端化、多样化的层次。

2007年，雙妹的复兴之路已经紧锣密鼓地秘密展开。从最初品牌组合模式的探讨，到品牌定位高端奢侈的测试，家化逐渐清晰了雙妹“中国第一个高端跨界时尚品牌”的定位方向。

雙妹定位奢侈，很大程度上源于中国成为世界第二大奢侈品消费市场的吸引力。与此同时，国内尚缺乏本土奢侈品牌，而家化每年十数亿元的毛利，能为雙妹长期塑造高端品牌提供源源不断的支持。在雙妹之前，经过10多年精心打造的“佰草集”已开始产生赢利，且每年以30%—50%的速度增长，这无疑为家化管理层增添了不少信心。

具体说来，雙妹的顺势而动，有以下几大原因：

1．中国经济的崛起：中国超越日本，成为世界第二大经济体，以上海为核心的长三角跻身继纽约、东京后的全球第三大都市圈。先进制造业和现代服务业成为长三角发展重头，化妆品行业的精细制造和体验服务是这两个趋势的综合体现。

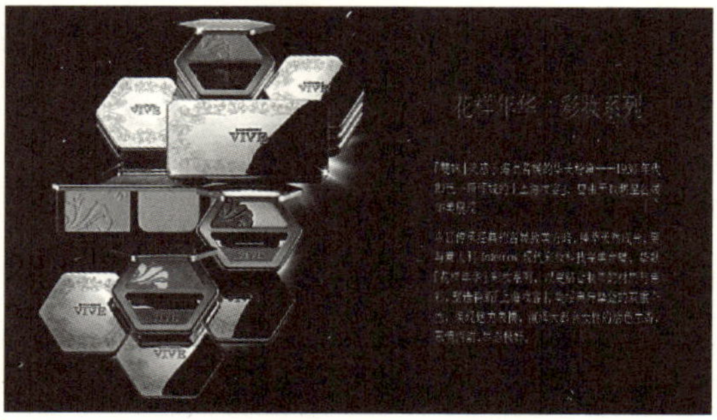

花样年华系列——海派妆容的优雅定制

2．中国奢侈品消费趋势：2009年中国奢侈品消费市场规模达到94亿美元，成为世界第二大购买奢侈品的国家，购买了世界上27.5%的奢侈品。中国划入富裕和消费豪客的数量达到500万，中国奢侈品市场年增长速度为19%。未来五年内，中国的奢侈品年消费额将增至146亿美元，成为世界头号奢侈品市场。不过，中国本土的奢侈品品牌却相当匮乏。在位列前50名的奢侈品品种中，大部分来自欧洲或美国。

3．上海文化：强势经济带来强势文化，雙妹的复兴，也是和着上海复兴的节奏。上海人均GDP突破1万美元，达到中等发达国家水平；确立国际航运中心和金融中心的城市方向，创意时尚产业成为政府支持重点；上海加入联合国“创意城市网络”，成为“设计之都”……上海复兴的魅力和整体优势的崛起，使得海派文化重塑信心。体育（姚明）、活动（世博会）、电影（《花样年华》）、酒店（外滩）、建筑（Art Deco）、艺术（海派艺术）、服装（上海滩）等领域已经证明了这个趋势。以上海文化为个性的高端跨界时尚品牌，在西方文化品牌割据的奢侈品消费市场里，有着独特的定位差异和市场趋势。

特别是具有全球效应的世博会，成为上海文化的宣传片，7000万游客的商机以及后世博旅游市场（2009年中国就接待了5090万名国际游客，居全球第四；从国际游客入境旅游获得的收入为397亿美元，居全球第五），使上海在国内外的形象大幅提升，也带来海派文化的兴盛，代表上海形象和文化的产品成为阳光市场。

4．全新消费观念的群体：20世纪出生的“80后”（人口2.34亿）逐渐成为市场消费主力，“这些新一代消费者对本土品牌要比老一代更有信心，这或许会成为雙妹切入年轻高端消费市场的客观社会基础”（麦肯锡）。新消费观念下的4亿网民，带来2009年淘宝网2000亿元交易额，东方电视购物近30亿元购物额，国货重生、绿色环保、中国文化等观念成为新时尚观念和产业趋势，全新的营销渠道和模式带来无限商业契机……

雙妹KV形象

“老上海的传奇，哪怕时过境迁依然是经典。”王茁称。据市场调查显示，北京、上海等城市眼下有一批高端消费人群对老牌国货的接受度高，愿意为这些老品牌付出较高的溢价。为了让雙妹在国货的概念上焕发出新的生机，家化不仅重新研发了所有配方，而且还邀请了蒋介石曾孙蒋友柏的橙果设计公司全程负责雙妹的LOGO、产品包装并邀请法国知名设计公司负责店铺设计。

二、家化的野心

自从2007年起定下向时尚集团转型的基调后，家化便一刻不停地朝着这一目标奔跑。旗下的中高端品牌“佰草集”打了头阵后，定位为高端奢侈品牌的雙妹则成了家化向时尚产业进军的关键一步。

事实上，无论关于雙妹的尝试成功与否，家化都面临着搭建一个纵向覆盖高中低端、横向占领多个细分市场的品牌组合战略。众所周知，中国的日化和化妆品产业是最早向跨国公司开放的领域之一，不管情愿与否，中国本土日化公司早已被动地参与竞争。上海家化旗下有两个事业部，第一事业部负责以超市为主的大流通渠道品牌，包括六神、美加净、家安等；第二事业部则负责以专卖店专柜为主的化妆品品牌，包括佰草集、高夫、清妃，以及新推出的高端品牌雙妹等。上海家化旗下几乎所有品牌都直接面对着来自宝洁、联合利华、欧莱雅和资生堂等跨国公司的竞争。

这些跨国日化集团大多拥有健全的品牌组合，几乎覆盖了从几十元到上千元之间所有的细分市场空间。如今，对中国市场越来越熟稔的跨国日化巨头开始规划渠道下沉，一旦它们的渠道铺设完毕，国内品牌的生存空间无疑会进一步受到挤压。换言之，国内品牌依靠二三线缝隙市场生存的状态将难以为继。

在国内的日化品牌里，家化旗下的六神是为数不多的可以与国外品牌相抗衡的本土对手，但相较跨国集团“联合作战”的模式，仅凭六神一个强势品牌依旧难以抗衡。为了完善品牌图谱，家化开始力推位于金字塔中部的佰草集和位于金字塔尖的雙妹，主动参与到这场家门口的全球化竞争中。

2010年，第一家雙妹全球品牌店正式落户和平饭店。之所以选择和平饭店为品牌首家店，是因为其历史印象和复兴定位与雙妹品牌非常一致。和平饭店和雙妹品牌都是存在于20世纪30年代黄金年代的传奇，一个是名媛名流的社交中心，一个是名媛们的美颜恩物，今天雙妹全球首店也在和平饭店荣耀揭幕，两段传奇交相续映。

店铺照片——和平饭店

不过，对于上海家化的重拳出击，市场一直有正反两种声音胶着。支持者相信，上海家化作为中国日化品牌的领导者，在过去的几十年时间里在洋品牌林立且竞争充分的市场上取得了一席之地，必然有过人之处，此次出击有其必胜把握。反对者则认为，高端奢侈品牌的出现不仅对创造者和生产商有要求，而且对于消费者和消费环境也有要求，目前中国市场两者皆不具备，因此上海家化董事长葛文耀是给自己出了一道难题。

对于市场的质疑，王茁有着自己的看法。“作为一个新兴市场，中国的机会与众不同。”王茁称，对于雙妹这个品牌，国外主流媒体宁愿把它看作一种信号，一种中国强大的信号。“最近有本书很火，叫《中国震撼》，讲述中国是如何一步步强大起来和富裕起来的。这本书认为，中国的崛起是一种文明方式的崛起，那么雙妹这样的高端品牌也许就是中国崛起的背书。”王茁认为这也许就是一种震撼，是一种寻找与国外高端品牌平起平坐机会的震撼。在这个意义上，雙妹出现的机会已经悄然诞生，这是时代赋予的机遇。

“但确实任重道远，而我们必须忍耐。”王茁并不讳言困难，但他似乎更愿意着眼未来，“十年前上海家化开创佰草集品牌的时候，大家也是这么说，觉得这个产品很难做，没有人会相信中国自己的化妆品。现在来看葛总的判断是对的，随着中国崛起，随着价值观改变，佰草集已经获得消费者和资本市场的高度认可，每年可以为公司贡献几个亿的利润。”王茁相信，若干年后，雙妹也许会成为上海家化新的“现金牛”产品。

为了这个目标，上海家化已经做了充分的准备。如前文所述，在上海家化的产品金字塔中，塔基部分是广为人知的六神系列，塔中部分则是这两年风生水起的佰草集系列，而雙妹则显然被放在了最耀眼的塔尖。雙妹品牌诞生于1898年，作为那个时代的“极致”女士用品，承载了100年前旧上海的无限荣光。有人说，奢侈品牌和贵族一样，都需要几代人的努力，因此，复活这个百年品牌是葛文耀出手高端品牌打下的重要基础。

葛文耀的第二步是整合全球资源，包括聘任国际时尚大师出任艺术总监，邀请蒋友柏设计产品包装，均是出于此意。据称，接下来，雙妹品牌还将与消费者及相关意见领袖一起共同参与产品开发和品牌塑造。此外，雙妹品牌在产品品质研发上更是不遗余力，出任雙妹品牌扩张的领军人物，正是上海家化联合股份有限公司前任科研总监王群。

雙妹的一系列动作，使家化的时尚产业梦想跃然纸上。作为中国目前唯一一家试水奢侈高端品牌的日化企业，其勇气虽然可嘉，但不得不说，对于熟稔中低端化妆品营销的家化而言，运作好雙妹品牌是个不小的挑战。品牌的培育期很可能长达六七年，前期投入大，开店速度又不宜过快，家化是否已经做好了长期投入的准备？

第二节　任重道远

一、佰草集的成功经验

时至今日，化妆品行业早已非仅凭材美工巧便可取胜的，尤其在以时尚和文化为内核、消费心理高度感性的高端化妆品领域产业，掌控市场的是一个个跨国巨头——宝洁、欧莱雅……它们大都全球运营，管理之成熟严密超过绝大多数高科技公司，以极其冷静和精密的方式批量制造着梦想和幻象。这个领域的主流竞争是一台巨大的梦想制造机器和另一台巨大的梦想制造机器之间的较量，中国制造所谓的质优价廉的优势几无用武之地。

家化旗下的佰草集无疑是一次成功的品牌实践，然而它对雙妹的指导意义还远不止于此。市场定位上的反复尝试，追求扩张速度还是恪守品牌品质上的两难，在面对从心理到实力都居高临下的竞争对手和合作伙伴时，何处应该迎合，何处应该模仿，何时必须自信和坚持，佰草集的这些探索对于任何期望克服文化自卑、打造本土高端品牌的中国公司都极具启发价值。

佰草集是第一家主打中医药概念的中高端护肤品。与国内其他中国元素概念的化妆品品牌相比，它的运作完全遵循国际中高端品牌的成熟方式。而与国外中高端品牌相比，它的中国风格又极其鲜明独特，将原本是“负资产”的中国出身转化为一道文化门槛。

这一战略今日看来顺理成章，但在长达十几年的践行过程中，可谓困难重重。成立之初，上海家化面对的第一个问题就是是否将中草药作为佰草集品牌的立身之本。最大的壁垒并非技术、研发与资金的匮乏，而是长期存在于消费者、渠道商以及企业自身心目中对“中国元素”和“中国品牌说服力”的不自信。

1995年12月，上海家化成立佰草集品牌小组，花费三年时间对产品定位、研发和营销进行了全面研究，最终形成了一个清晰的目标：佰草集必须是一个全球运营的品牌。因此，佰草集在十年中做的所有事情都是为了将来能够在国际市场上生存，它的整体战略可以概括为“中体西用”——品牌内涵主打中国元素，运营方式对标欧美品牌。

佰草集对标的目标之一便是美体小铺，这个欧莱雅集团运作的品牌以自然、环保的风格独树一帜，吸引了有着这类心理需求的小众人群。相比之下，佰草集最独特的资产莫过于中国文化，而其中与护肤保养直接相关的便是中医药。然而障碍在于，中国消费者在心理上对中草药并不如西方的植物添加那么容易接受，调查显示，大部分消费者认为中草药味道难闻，有“脏”的感觉，对其作为护肤品的效果也存疑。当时的佰草集对于能够独立开创一个前所未有的品类也缺乏信心，因此选择了更加稳妥的“草本植物”概念，与美体小铺较为接近。

但很快，佰草集便感觉到越是主动迎合市场，反而更难打动市场。化妆品在技术层面主要有两个分支，一类主打生化技术，目前市场上最昂贵的高端品牌如迪奥、兰蔻大部分属于此类；另外一类则是以植物精华添加为主，如欧舒丹、契尔氏、美体小铺等。佰草集在生化技术方面并不领先，在植物添加上即使能做到最好，无非也就是欧美品牌的中国模仿者而已。

反复论证后，佰草集相信随着技术的完善，中草药对于护肤的价值将逐渐体现出来，而中国的经济发展，也将使得“中国元素”在国人和全球消费者心中成为一个“正资产”。2001年，佰草集意识到时机已经来临，于是推出含红景天成分的护肤产品试探市场。之后，佰草集按照从“每年一根草”（一种中药材）到中医特色更加鲜明的“每年一个方”（一个美容复方）的思路进行产品研发。中草药美容复方是按照中医用药“君臣佐使”的理论，将几味中草药配合使用，这种概念突出了中医药中蕴涵的阴阳平衡的哲学，将佰草集和西方植物添加类品牌明显区隔开来。市场对中医药理论的效用也越来越多地投出了信任票，佰草集的产品种类从比较外围的个人护理产品到主流的保湿、美白护肤，再延伸到了护肤品中技术含量最高、溢价也最高的抗衰老品类。

要切入高端渠道做中高端化妆品牌，好的产品和技术只是基础，如何将自己的品牌形象准确地传递给消费者，提供毫无瑕疵的与品牌定位相匹配的消费体验，才是最精微也是最困难之处。

在塑造精致生活的文化符号上，上海家化也许是中国最具此基因的日化公司，无论是包装、广告还是店面设计，无不体现上海文化中追求精致优雅的趣味。佰草集的广告中从不曾出现任何明星的面孔，这在国内的化妆品和服饰等时尚类公司中非常罕见。在管理团队看来，佰草集的其他视觉符号足以传递一个有品位的品牌形象，而把品牌依托在一个明星身上，反而可能拉低品牌形象。

然而有些环节并非佰草集甘愿投入便可如愿以偿的。在起步之初，佰草集主要以专卖店的形式在上海市场进行推广，这其中也有无可奈何之处。百货公司与化妆品牌之间有着一种基于定位的共生关系，尤其是处于一线地位的百货公司，为了吸引欧美一线品牌入驻以提升形象，甚至可以零租金提供场地，但对于品牌定位不符或存在风险的品牌，则会拒绝其入场。

虽然上海家化有着长久的商誉，但对于佰草集这个初创的主打中国概念的中高端品牌，想要进入与之相符的百货公司，争取到好的专柜位置，谈何容易？顶级位置的百货公司提出的要求并非只是销售额门槛，而是质疑佰草集的品牌基因，例如并非进口品牌、价位和品牌形象能否与店内其他品牌比肩、背后是否有全球性的集团背景等。无奈之下，佰草集选择从自建专卖店渠道开始，对店面的位置、装饰等所有视觉符号都制订了详细的方案。直到几年后佰草集开始进入北京时，才找到跻身百货公司专柜的机会。北京城市面积大，存在多个独立商圈，每个商圈都有符合其形象要求的一线百货公司，彼此之间竞争也很激烈。而此时佰草集的产品线日趋完善，品牌的影响力逐渐显现，专卖店的整体管理方案也经过了细致打磨，以上海市场的成功与上海家化的品牌背书，与百货公司平等谈判已成为可能，佰草集终于得以进入这个圈子。截至2011年末，佰草集终端店铺已达1100多家，会员已有300多万人，并正赢得越来越多的中国时尚女性的偏爱。

二、雙妹的挑战

如今，获得消费者与资本市场高度认可的佰草集，每年都为家化贡献数亿元的利润。在公司的理想状态下，若干年后，雙妹也能成为家化旗下另一只现金牛。

但不得不提的是，佰草集强调的是具有东方神韵的中草药配方，这是一个没有沿袭和历史背负的品牌，只要做好了产品功效、终端设计与宣传推广便大功告成。相比之下，雙妹承载着100多年的历史与老上海文化，又要跨越多品类，更要体现时尚和贵族气息。从这个角度看，雙妹无法类同于佰草集，过往的成功经验很难完全复制到雙妹身上。

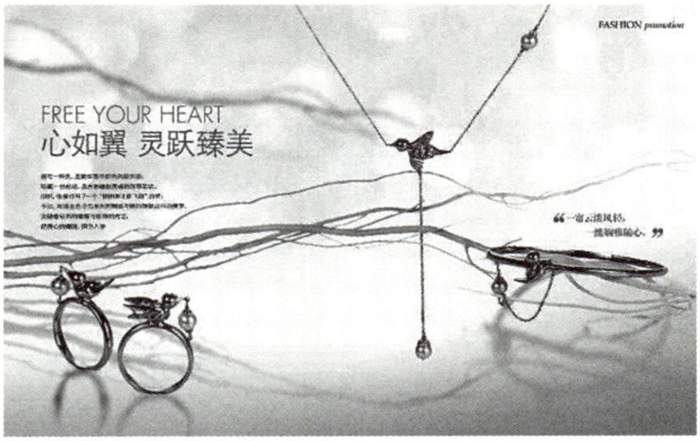

高端珠宝——心翼系列

与此同时，对雙妹目前瞄准的目标客户群而言，那些久远的品牌记忆并不存在。雙妹曾经风光一时，但被历史尘封已久，或许只有那些七八十岁的老人觉得雙妹是自己挚爱的品牌。

对此，雙妹执行董事王群有着不同的理解。在他看来，雙妹历史中的空白期或许是一件好事，毕竟，女性化妆品在20世纪40至70年代间受到弱化，“当时的社会并不主张人们美化自己，雙妹品牌与其在当时处于停滞的状态，还不如消失一阵，从而定格在比较辉煌的状态。”如今市场条件成熟，家化重新将雙妹推向市场，反而是一个不错的选择。

在此基础上，家化试图采取更加亲和的沟通模式向消费者传递品牌理念，而非单向地把信息推向消费者。“我们一直比较关注互动媒体的应用，希望与消费者建立对话的模式，形成良性互动。”王群称。

除了人们对品牌历史的模糊认知外，雙妹重塑中最大的难点是地区奢侈品牌资源的欠缺，以及多年来的文化自卑——国人对于中国是否能打造高端时尚品牌的质疑不曾间断。对家化而言，公司必须为雙妹植入更为强大的贵族印记，并对现有策略做到多年如一日的坚持。

王群十分明白这一点。“在做雙妹产品的时候，我们一直以行业最高标准要求自己，包括化妆品的配方、包装，以及生产过程中的工艺控制和质量管理等。”他说，“在保证产品质量后，我们才会输出品牌文化与价值观。”

在此基础上，家化尝试着整合全球资源，参考国外奢侈品运营的经验，用世界语言讲述上海故事。除了在初期邀请蒋友柏做产品的包装设计外，公司还邀请了法国人雅恩担任雙妹的艺术总监。后者曾在伯鲁提（Berluti，LVMH旗下著名手工定制鞋品牌）担任了5年的形象大使，之后的7年就任于登喜路全球形象与媒体总监。雙妹对雅恩的要求是：“你要帮我们理清雙妹品牌的有所为和有所不为。”

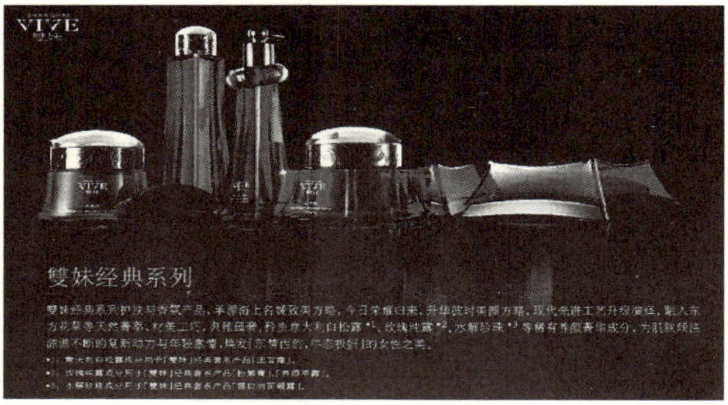

经典系列——橙果设计公司设计，蒋友柏监制

从更大的视野看，雙妹品牌重塑的意义不仅局限在上海家化。到目前为止，中国并没有一个可参考的自主高端时尚品牌的成功案例。雙妹的尝试将给予国内化妆品业更多自信与借鉴意义，无论成功与否，它都注定会引起中国营销界的关注，给予民族品牌更多的示范与启迪。

重生的雙妹品牌正稳步优雅前行，目前在上海和北京都已开设专卖店。雙妹品牌经历百多年间的辗转沉浮与砥砺积淀，已不仅是一个商业的品牌，而且更代表着一种经典文化，是经济价值、文化价值与社会价值的相互加成。上海家化在过去的

20多年里，对消费品营销和研发投入大量的人力和物力，积累了一定的经验，有信心把本土的品牌做成高端的时尚品牌。在文化定位上，家化雙妹借世博之机占位上海文化，将上海文化推向高端。它今日的复兴，正是在国际奢侈品界东风西渐的文化背景前，从高端消费品角度，推崇中国文化，弘扬上海地域个性的新摩登、新时尚。

【专家点评】

孙一民（复旦大学管理学院副院长、营销学副教授）

“穿越”与“对接”：期待雙妹的复兴

雙妹，这个复出于上海家化的本土奢侈品牌，像从百年前“穿越”而来的少女，漂亮、优雅，似曾相识而又显得有些孤傲、陌生。

上海家化在浸淫中国化妆品市场近百年经验的基础上，敏锐地觉察到近几年来随着中国经济和社会的转型发展，高端消费人群数量越来越多，一方面他们除了大量购买国际知名品牌之外，也有着对本土奢侈和时尚品牌的期待，另一方面，现代都市消费者特别是上海人的怀旧情绪，也在逐步释放出相应的消费力量。以旧上海为背景的电影《花样年华》、《2046》和《色·戒》等每一次上映，都会引发对于旗袍的购买浪潮。这些信号，无疑是上海家化推出雙妹品牌的重要动力。问题是，穿越而来的百年品牌，如何能取悦和征服当代的消费者呢？

为此，上海家化在雙妹品牌的定位、推广以及渠道的选择上殚精竭虑，实施了一系列卓有成效的营销策略。

首先，将雙妹定位为“中国第一个高端跨界时尚品牌”，它不是一句口号，而是切切实实在消费者的心智中占据了一个独特的位置。“中国高端品牌”、“第一时尚品牌”这样的独特诉求，很快就会在消费者心理上抢占特定的记忆空间，从而留下较为深刻的品牌印象。

其次，“用世界语言讲述上海故事”则是智慧而有效的品牌推广准则。中国品牌如何获取全球消费者的认同，一直是一个营销难题。以往我国企业的基本策略要么强调“中国特色”，常常弄得品牌形象古色古香，让国外消费者摸不着头脑；要么主张“全盘西化”，连品牌名字都是山寨国际知名品牌的，让国外消费者误以为是低劣的仿冒者。实际上，就像艺术领域所倡导的国际传播理念一样，营销领域也应当遵循“越是民族的，就越是国际的”这一法则。在具体执行过程中，要善于用国际通行的传播语言传达中国品牌的内涵，这就是雙妹品牌传播坚持的“用世界语言讲述上海故事”的价值所在。

最后，如何在零售领域实现有效的销售？上海家化也突破了公司的传统思维和做法，将雙妹品牌引入了最高端的时尚商圈，既清晰地表达了自己的品牌定位，也最大程度地接近了其潜在的目标人群。

上述几个方面，反映出上海家化在高端时尚品牌营销方面的有效尝试，为雙妹未来的进一步发展奠定了坚实的基础。

但是，雙妹品牌要想如期成为上海家化的“现金牛”产品，仍然需要解决一系列营销难题，面对不断产生的营销挑战。

第一，在品牌远景上要进一步明确，雙妹究竟是补缺市场（Niche market）品牌，还是主流市场品牌？如果仍然坚持定位为“中国第一个高端跨界时尚品牌”，就必须进入主流市场，获取和保持足够量的高端消费人群，其产品组合和品牌形象除了强调中国或上海气质外，必须与国际同类品牌具有较大范围的对等性和可比性；如果继续释放历史信息，营造怀旧气氛，就意味着将来准备发展为补缺市场品牌，主要强调品牌特质以吸引小众人群，而不是成为“现金牛”。

第二，在与当代消费者沟通的过程中，如何保持古典特质与现代气息之间的平衡或实现两者之间的完美对接？雙妹品牌是古典的、旧上海气质的，而其面对的主要消费者绝不应当仅仅限于“老太太”和“在国外工作的上海女孩”，而应当是追求时尚和优雅气质的年轻女性。为此，需要在原有雙妹品牌内涵的基础上，充分挖掘出满足当代消费者需求的价值元素，比如“优雅”和“聪慧”，从而让越来越多的现代女性能够接受乃至热爱雙妹品牌。雙妹的品牌故事无疑是独特的，然而也是久远的。上海家化只有在核心品牌价值基础上不断地挖掘和演绎根植于当代消费者人群的品牌故事，“用当代语言讲述优雅和聪慧的故事”，才能将百年前“穿越”过来的雙妹品牌对接到当代消费者的心灵和情感世界，这样，雙妹必将成为上海家化的新的“现金牛”业务。

CITROËN

东风雪铁龙

东风雪铁龙武汉工厂不但是一座高科技、高度自动化的汽车生产车间，繁复的安全检测工序和苛刻的安全标准也是工厂最大的特色之一，合资方法国PSA集团甚至对安全和驾乘体验有着不厌其烦甚至『过度』的嗜好。

东风雪铁龙把目光聚焦在了网络媒体，他们希望以新技术和全新的互动模式创造一个别具一格的营销模式，这意味着，他们需要找到一个被品牌企业主忽视了的网络受众蓝海，随后以精准的营销互动方式以点带面，有效地聚焦受众人群，获得最有效的传播效果，当然，对东风雪铁龙来说，这场营销活动最重要的目的不仅在于提升销量，而是回归原点，真正让消费者认识到法国制造原汁原味的魅力。

最终，东风雪铁龙在2011年选择了东风财富网，开始了一场金融跨界的精准营销之旅。

东风雪铁龙：以跨界回归原点

很多参观过东风雪铁龙武汉工厂（武汉神龙汽车公司）的消费者都会连呼想不到：这不但是一座高科技、高度自动化的汽车生产车间，繁复的安全检测工序和苛刻的安全标准也是工厂最大的特色之一，合资方法国PSA集团甚至对安全和驾乘体验有着不厌其烦甚至“过度”的嗜好——其本身也是世界前十大汽车制造商之一。

但从另一个层面而言，虽然许多内行消费者对东风雪铁龙和法国汽车制造的种种细节津津乐道，但在大众的心智里，东风雪铁龙的品牌影响力确实较在中国业已根深蒂固，熟知中国消费者心理的大众、丰田等汽车品牌有一定差距，一个重要的原因是，在中国消费者的认知里，以LV、香水和红酒著称的法国，爱浪漫的法国人似乎和严谨、高科技的汽车工业沾不上边。

这种错位对东风雪铁龙的品牌营销提出了巨大的挑战：一方面，他们需要让消费者认识到法国的工业制造是完全不亚于德国制造，甚至在某种程度上有过之而无不及；另一方面，面对中国这个世界上增长最为迅速的汽车消费市场，各个品牌对其重视程度愈演愈烈，从平面媒体到各种汽车垂直资讯网站，国内外汽车品牌纷纷抢滩登陆，竞争呈现出白热化的趋势，很难说有哪家汽车品牌能够脱颖而出，迅速吸引消费者眼球，因此，东风雪铁龙必须另辟蹊径。

东风雪铁龙把目光聚焦在了网络媒体，他们希望以新技术和全新的互动模式创造一个别具一格的营销模式，这意味着，他们需要找到一个被品牌企业主忽视了的网络受众蓝海，随后以精准的营销互动方式以点带面，有效地聚焦受众人群，获得最有效的传播效果，当然，对东风雪铁龙来说，这场营销活动最重要的目的不仅在于提升销量，而是回归原点，真正让消费者认识到法国制造原汁原味的魅力。

最终，东风雪铁龙在2011年选择了东风财富网，开始了一场金融跨界的精准营销之旅。

第一节　法国制造和浪漫标签

在中国武汉市，许多出租车都是源自法国技术、神龙汽车公司生产制造的富康车，如果与出租车司机攀谈，就会发现他们对富康的质量赞不绝口。一位出租车师傅反映，他驾驶该车多年，如今车依然非常皮实耐用，特别是底盘技术非常成熟，操控性特别好——事实上，神龙汽车公司合资方之一的法国PSA集团是世界前十大汽车集团之一，在国内许多内行消费者的认知里，PSA集团的汽车产品除了制造工艺不输于法国制造外，其底盘技术更是几大汽车公司中首屈一指的。

在国内，东风雪铁龙其实也创造了很多个第一：从国内首款引进技术领先的两厢车鼻祖富康——直到今天国内一线城市还有许多白领在开富康车，而且骄傲地表示："谁用谁知道。"——经济性和操控性依然在国内同级车中遥遥领先。国内首款单厢车萨拉—毕加索开创了车型新纪元，其跨界造型的确让消费者耳目一新。2009年底上市的C5则开创了雪铁龙的B级车时代，其底盘在同级车中堪称大师级别，而且在很多内行消费者眼里，C5在国内竞争最激烈的B级车市场中堪称性价比最好的产品之一；在售后服务方面，雪铁龙首创了以国际标准建立的4S店面，一站式新车带牌销售，同时也是国内首批开展系统化水平业务二手车的厂家。

不过，在国内很多消费者的认知里，法国制造似乎并不靠谱，其原因是，法国人的香水、箱包、服饰在中国市场的影响力实在太大，更受到很多电影、书籍的熏陶，消费者对法国人的印象始终脱离不了浪漫甚至是隔三岔五的罢工，这样的国家形象似乎很难和代表精密工业制造的汽车业联系起来。

事实上，这是一种误解，简单地说，法国人的"浪漫"绝对不等于"胡搞"，他们崇尚爱情和自然没错，但他们的性格里本身有一种悦己的性格，即牵涉自我享受的事情绝不马虎，精益求精，他们喜欢把事物的过程分解为无数细小和琐碎的环节，并且用心体味每一个片段，这种法国人浪漫的本质，也自然融入到了汽车制造中。

在东风雪铁龙武汉工厂参观，会发现该工厂有很多与众不同的地方，比如工厂里有一个房间，里面设置了一个巨大的机械手，会定期把产品送进来抽检，检查是否有虚焊的地方，工厂把产品送检的频率称得上国内品牌中最高的；此外工厂还投入巨资建立了一个汽车内味道的检测实验室，颇为有趣的是，味道的检测并不全是靠现代化的机器，工厂还有一个嗅辨师团队，用十分灵敏的鼻子把握人体对味道的感觉。

工厂对安全细节的掌控也让很多工人师傅“怨言”很多，一位师傅介绍，在产品成型出厂前，汽车厂家一般都会设置最后一道检测关口，东风雪铁龙的工厂同样如是，但合资方与众不同的是，故意不给最后一道关口设置充足的人手，万一最后一道关口的问题较多，那么就逼着最后环节不停地追溯上上游找茬，这样做的目的是在平时对产品的安全质量严格把关。

法国人这种悦己和严谨的性格就这样体现到汽车的生产制造过程中，但法国人的民族性格里同样有一条：固执，这种固执的程度甚至要超过以刻板严谨著称的德国人，就比如在汽车制造里，法国人重视的悦己其实是侧重在驾乘体验和安全系数这种隐性价值和质量上，他们高度重视产品的隐性价值却不太愿意为了迎合中国消费者作出改变。一个有趣的例子是东风雪铁龙C5，该款车的轴距达到2815毫米，即便在B级车中也算是较长的轴距了，但如果坐到C5的后排，就会感觉车内空间似乎并没有想象中那么大，C5的一些消费者甚至专门开了技术帖在网络上讨论C5的轴距是如何被吃掉的，雪铁龙工厂一位师傅道出了实情：C5的座椅出奇的厚，而且对身体的包裹性很好，这样就牺牲了一些膝部空间，他们当时建议减轻座椅厚度，因为中国消费者非常重视后排座椅的乘坐空间，但法国人一屁股坐下去，觉得舒服极了，就说什么都不改，而有的品牌就会为了让消费者感觉膝部空间较宽裕，故意减少后排座椅的长度，消费者在试车时很舒服，但长期乘坐时候的体验就未必好了；再如雪铁龙世嘉（两厢版），其圆润的外形一度被中国部分消费者视为最漂亮的两厢车，但也有不少消费者表示完全不会选择这么出挑的设计，而世嘉搭配了定速巡航，这在许多同级别车里都是不常见的，但从另一个角度，此前很多消费者也反映过世嘉的配置固然特别厚道，但后排座椅太直，坐着太累。

这就是法国制造的精益在中国呈现出的一种错位，很多消费者其实看不到工厂的生产过程，也体会不到车内不同味道的差别都在哪儿，更看不到车的焊点数量；再如很多消费者特别关心汽车的油耗问题，但往往注意不到油耗和整车的质量关系密切，而整车质量又和安全程度紧密挂钩。不过，他们确实需要汽车厂商给其一个明确的显性价值，并且有着深度的沟通。

因此，东风雪铁龙需要从两个维度突破。首先是产品层面。在C5上市以前，虽然富康和世嘉在同级别车中性价比是领先的，但从全产品系的角度来看，雪铁龙在B级车市场是缺失的，而且车型相比大众、丰田等竞争对手的确算是少的，C5上市后填补了雪铁龙在B级车市场上的空白，但处于世嘉和C5之间的凯旋并没有很好地填补起来，但东风雪铁龙表示在此方面已经有计划，而且今后会加大投放新车型的力度，包括近年来在中国大热的SUV车型。同时，东风雪铁龙也在根据消费者的需求不断改进产品的“可感知质量”，就比如C5内饰材质和颜色应消费者的要求改进等等。当然，在这一过程中，售后服务和渠道建设同样是雪铁龙工作的重点，这里就不再赘述。

其次就是营销层面获得突破。东风雪铁龙需要让消费者认识到法国制造其实并不输于德国制造，而且法国本身的军工在世界上都是佼佼者，同时汽车产品在质量和工艺上不输于德国产品的同时，也有自身独特的优势，比如底盘，但千里之行，始于足下，最根本的还是如何最精准地定位到消费群，以具有针对性的广告措施传递给他们，并且推动购买，因为任何企业的营销活动最终还是需要依靠产品说话。那么，如今国内汽车企业营销推广“狂轰滥炸”的今天，东风雪铁龙如何脱颖而出？

第二节　跨界合作三部曲

一、定位

东风雪铁龙世嘉在整个东风雪铁龙的产品线中有着非常重要的意义，其定价大约在11万元到15万元区间，对应着A级车市场，至于东风雪铁龙的其他代表性产品：富康毕竟属于上一个时代的汽车产品，而B级车C5直到2009年末才上市，此前凯旋的市场表现说明它还不足以成为雪铁龙的扛鼎之作，因此世嘉一度成为东风雪铁龙最有代表性的产品。如果说B级车以上的产品代表着一个企业的尖端技术实力和品牌形象以及利润率，那么世嘉意味着东风雪铁龙在国内的群众基础、销量，并肩负着将品牌的内涵和品质同大众深度沟通的重任，因此，围绕世嘉，东风雪铁龙在整个2011年开展了大规模的营销推广活动。

对东风雪铁龙而言，首要的任务是确定推广主题。在整个PSA集团的层面，C4 WRC赛车在WRC（世界汽车拉力锦标赛）赛场上屡创纪录，可以称得上常胜将军，世嘉和C4同源，因此继承了其卓越的底盘技术和优秀的操控性能，这称得上继承了C4 WRC的冠军品质。从东风雪铁龙的层面而言，东风雪铁龙是中国羽毛球队的官方合作伙伴，中国羽毛球队给中国消费者的印象同样也是冠军。因此，从PSA到东风雪铁龙再到世嘉车本身，“冠军”是一个不错的概念，和集团、产品的精神一脉相承。

因此，东风雪铁龙将世嘉2011年的推广主题定为：“冠军是一种生活态度。”“与世嘉一起，做自己的冠军。”如何传达东风雪铁龙世嘉的冠军诉求与冠军品质，成为东风雪铁龙世嘉面临的新的挑战，而且，东风雪铁龙世嘉的目标受众在全国分布广泛，如何集中优势媒介资源精确匹配目标人群，如何实现推广资源的有效投放，是东风雪铁龙必须首要思考的问题，因此，确定推广的合作伙伴成为当务之急。

对汽车媒体而言，最容易想到的两个媒体渠道就是如新浪、搜狐这样的门户网站，以及汽车、爱卡这样的汽车垂直资讯站，前者可以实现品牌短期内的大范围传播，后者则直接针对汽车消费者。但问题在于，大量的汽车厂商已经拥挤在这些网站，一些汽车垂直资讯站的论坛甚至已经成为各种网络枪手云集之地，大量混杂的真和伪的信息在混淆着消费者的视听，想在这些渠道中脱颖而出，在目前业已成为一项艰难的任务。

在寻找合适的渠道时，东风雪铁龙通过网络数据研究发现，财经网站以财经新闻、资讯、理财为内容核心，聚集了城市中产人群，也就是聚集着大量的高端消费者人群，他们和东风雪铁龙世嘉的目标受众高度匹配，特别是财经人群往往乐于接受投资理财观点的挑战，也有着对成为投资达人的高度渴望。这和东风雪铁龙世嘉的冠军诉求是不谋而合的，而就财经网站相对门户和垂直资讯网站而言，也是被很多品牌企业主忽视了的网络受众蓝海。

于是，东风雪铁龙确定了东方财富网作为媒体合作伙伴，东风雪铁龙的评估理由是：东风财富网是财经媒体垂直媒体的领先媒体，日均访客2600万人、传播声量到达（PV）2.7亿，覆盖1亿财经理财人群，其股票、股吧、期货、理财频道聚集着大量的投资人群，是国内访问量最大的财经媒体，也是中国A股首家上市的财经网站。

但对东风雪铁龙而言，接下来的挑战才是最艰巨的。在其看来，挑战集中在三个方面：首先，如何进行冠军品牌概念和血统传播？其次，业已有很多汽车厂家在财经媒体投放，要吸引理财人群持续关注，参与互动，就必须打破常规的上传、分享、小游戏等浅度互动模式，充分利用新的技术，创立创新的互动机制。最后，如何在互动的过程里开发线索，带动销售？这就要求东风雪铁龙实现和东方财富网的高度跨界整合，而不是在财经媒体的简单广告投放。

二、执行

东风雪铁龙首先把整个营销活动从品牌形象、车型置入、销售线索、带动销售四个维度细分成四个落实到具体数字、层层下沉的目标，这四个目标分别是：1. 向东方财富网覆盖的1亿人群传递冠军品牌理念和诉求；2. 成功引导100万财经人群关注世嘉车型；3. 开发预约5000个试驾线索，引流到分布在全国的4S店面；4. 电话核实后，拉动用户到店试驾，以拉动销售。

为实现这四个目标，东风雪铁龙为自己制订了一个总体的营销规划，即根据媒体特性，结合时事热点，确定互动形式，通过用户深度参与达到品牌传播目的。该规划又可以分解为四个关键词——时：岁末年初，让受众选一份礼物，为自己制定新的目标，接受新一年的挑战；地：东方财富网+世嘉官网双阵地，整合传统财经媒体，充分利用各自的优势；人：利用东财庞大的用户群，加上外围媒体引入的人流，提升活动参与度；事：充分利用平台特点，做他们喜欢做的、简单的、具有挑战性的事情。

接下来的步骤就是把目标和规划分解到落地实践中。

东风雪铁龙的调研显示，东方财富网网站用户主要投资在股票（75.6%）、存款国债等低风险品种（67.9%）、基金（46.4%）等方面，因此股市与投资相关的互动，无疑是东方财富网用户最熟悉、参与度最高的互动模式。围绕股市和投资，东风雪铁龙推出了“冠军三部曲”，即“百万嘉奖”的冠军系列活动。

东风雪铁龙将第一季的主题定为“百万嘉奖，才智新冠”，时间跨度为2011年1月15日至2月15日，由于时间点契合我国春节，而春节又有“派福”传统，因此东风雪铁龙将营销活动开端结合了春节的“派福”传统，以“财智”结合春节“派福”传统，以“财智”切入，以“投资”吸引，以“积分（金币）”贯穿，通过大盘竞猜+自助押宝+炒股大赛等组合深入互动。这一阶段的主要诉求在于，尽可能吸引较多受众参与到活动中来，未必强求深度，而是激发受众参与和自动转发的热情，为第二季度、第三季度的深度推广打下坚实的基础。

同时，尽管确定了推广群体为对股市和投资相关的人群，但这仍然是一个宽泛的概念，财经人群也可以根据不同的维度划分为不同性质的人群，统一的营销方式并不能起到最为优化的效果。东风雪铁龙选择了“专业程度”作为划分人群的依据，针对初级投资者和专业投资者设置了不同的活动项目，以吸引他们选择最心仪的玩法。

东风雪铁龙为整个活动设置了虚拟投资冠军百万基金，首先，大盘竞猜是最基础的活动，对所有活动参与者来说，几乎是零门槛，只要猜中每日大盘的涨跌，就可以获得“金币”参与后面的活动，如果有消费者不愿意赢取金币参与后面的活动也不要紧，组织者设置了现实的物质奖励——如果连续30日都猜中大盘涨跌，那么就有机会赢取一辆世嘉汽车。

同时，考虑到“猜”的风险性，组织者也考虑尽量降低用户获得金币的门槛，事实上，只要用户每日都登陆活动并且转发好友，都可以赢取金币来参与后面活动的环节。

用户积累了一定的金币后，就可以参加东风雪铁龙设置的进一步活动，在这个过程中，他们可以根据自己的专业知识选择不同的项目：对初级用户而言，他们可以选择幸运九宫格的活动，组织者设置了车模、iPad等礼物，用户如果押宝押中，就可以领取礼物。该环节的意义在于，可以以非常简单透明的方式，把用户互动的积分全部有效地利用起来，让他们非常方便地参与互动环节，而且有一定的机会把虚拟货币变现——用现实的奖励刺激他们参与线上游戏；对专业用户而言，组织者也设置了更有挑战性的项目，即虚拟炒股竞赛，冠军可以获得100万元股票操盘基金，这个诱惑力是非常大的。

在这个过程里，东风雪铁龙设计了该营销活动的App，不论在Web电脑端还是App手机端，用户都可以随时随地方便地参与，可以在手机终端上参与活动，包括股指竞猜、幸运九宫格押宝、预约试驾、股票行情、财经资讯，这样，就把新媒体到移动互联网的通路全部打通了。同时在用户参与的过程中，东风雪铁龙也不失时机地设置了试驾卡位赛的环节，如果用户在线预约试驾，就可以获得冠军卡位赛的资格。为了激励用户参与，如果预约号码缝特殊的尾号，用户就可以直接获得世嘉车模、冠军羽毛球装备等奖品——该奖励不止是刺激用户热情，同时也把世嘉产品以及东风雪铁龙和中国羽毛球队合作的冠军精神传递给了用户。

第一季活动取得了非常良好的效果：炒股冠军以创纪录的惊人成绩——18天102%的收益率夺冠，该成绩极大地引起了东方财富网消费群体的关注。因此第二季的活动主题即“百万嘉奖，冠军风云”，时间跨度为3月30日—4月29日，通过百万网友围观冠军实盘公开操作的活动，趁热打铁，强化和深入第一季活动的效果。

在此基础上，第二季活动对第一季项目进行了调整和强化，主要的项目分为三个环节，首先是冠军操盘，第一季活动的炒股冠军使用百万元操盘奖金实盘公开操作一个月，用户参与活动可获得查看冠军操作的资格，学习高手操盘。该活动旨在吸引众多对投资活动感兴趣的人群，而且传递给用户整个活动中的冠军精神；同时，针对普通投资者，或者希望迅速将积分和虚拟货币变现的用户，东风雪铁龙延续了第一季好礼九宫格的成功设计，用户使用活动金币押取自己心仪的奖品，从iPad到世嘉车模，所押金币越多，中奖概率越高。该环节算是对参与活动的消费者的一个颇有吸引力，而且简单易操作的福利。

值得一提的是，第二季活动中，东风雪铁龙强化了“转发”的重要性，即用更大程度的激励刺激用户吸引好友参与，试图将活动的影响力扩散到原有用户的朋友圈，覆盖到大量非财经用户端的世嘉目标群体。可以看出，第二季总体的思路是在第一季活动已经有广泛的参与度和影响力的基础上，双管齐下，一方面强化既有用户在整个互动活动中的体验，给他们以新鲜感和更有吸引力的活动环节，另一方面，扩大用户基础，最大限度地开发活动的影响力。

在此期间，东风雪铁龙的营销活动实际上并没有局限在东方财富网一家媒体上，而是以东方财富网为主要阵地，重点投放金融类媒体，汽车网站、财经平面媒体、SNS社会化网站、社区论坛作为补充，并辅以视频、综合类媒体。同时利用部分平面媒体，做到线上线下全覆盖。而截至发稿时止，第三季“百万嘉奖，巅峰对决”，后续活动也正在策划中。

三、评估

在整个营销活动期间，及时进行阶段性的评估和总结也是非常重要的一项工作。在第一季活动结束后，模拟炒股大赛冠军18天收益率达102%，惊人的结果让东风雪铁龙意识到这是一个非常好的噱头，于是趁势掀起一波新的注册高潮，额外吸引135万人参与，注册24万人，开发销售线索2500条。（如下表）

项目	预估量	完成量	实际完成比
流量	12亿	16亿	133%
点击	100万	158万	158%
参与人数	12万	18.2万	152%
销售线索	5000	6832	137%
App下载	5000	11520	230%

而前两季活动结束后，无论在传播声量到达，还是在参与人数、销售线索开发等方面，活动效果均全面超出预期目标。前两季活动共取得超过1万个销售线索，大力促进了实际销量的提升。

东风雪铁龙对这次营销活动的总结是，确立了正确的策略，配合强有力的执行能力，再辅之以灵活的应变策略，有效地实现了用户对品牌的认知度和好感度：首先，要结合受众目标的生活形式选择媒体，而事后的评估表明，当初选择财经网站、避开网络投放红海的策略非常明智，财经网站线索质量较高，可核实的直接成交率大幅领先门户网站（4.5%）；其次，创新互动机制的针对性和有效性至关重要：活动的互动环节设置不是为互动而互动，而是对目标受众进一步细分，分别针对专业投资群体、初级投资群体以及非投资群体三类群体进行考量和创新策划，使得各种类型的目标受众均能参与到活动中来；最后，发现、引导、利用受众的需求和兴趣点，有助于激发更广泛的参与，提升营销效果。比如启动手机App（《冠军之选》，苹果App Store上可搜索下载）传播平台，这就迎合了用户对于移动互联网的需求和兴趣，最终成功打造了汽车行业第一例利用移动终端进行传播的活动案例，全范围、立体地整合传播。

整个东风雪铁龙2011年冠军的营销活动可以用12个字概括：目标清晰、脚踏实地、步步为营。事实上，对整个东风雪铁龙来说，其实相比于其他的竞争对手，其面临着一个更为艰难和宏大的营销命题，即国家形象和企业品牌之间的错误。事实上不论是德国还是日本，消费者对其国家的汽车工业都有一个非常清晰而明确的认识，唯独对法国制造的认识受到了法国香水和法国人浪漫情结的冲击，这在某种程度上是存在误解的，东风雪铁龙不但需要推广旗下的汽车产品，而且还肩负着纠正中国消费者对法国制造误区的重任。

但具体回到营销推广活动中，东风雪铁龙并没有奢望自己一口吃成个胖子，而是有条不紊地回到原点，从最基本的营销策略出发，锁定最核心的目标消费人群，从增进他们对法国制造和企业品牌的认识入手，一步步地推广到范围更广的消费者——只有从最基础的地基打好，才谈得上建立雄伟大楼。因此，东风雪铁龙这次营销跨界之旅，其实更深的意义在于，它是一场找回“原点”之旅。

【专家点评】

陈富国（Meta Think咨询集团CEO）

雪铁龙的品牌跃升之路

作为最早进入中国市场的先驱者，东风雪铁龙当年的辉煌还依稀在目——那是一个人民奔小康，人民爱富康的时代。至今回忆起来，人们依然津津乐道于富康的耐用、省油，甚至保养时也不费钱，它承载着那些先富起来的人的勤劳与希望。现在人们真的富裕起来了，新一轮的消费升级中，原来的那批客户发现当富康不再适合此时此刻的身份和地位时，虽然好感尚存，但是东风雪铁龙主品牌定位本身不够强势，产品家族布局不够完整，产品品牌个性不够凸显，让他们的再次选择中没有了雪铁龙的名字。不知不觉中，东风雪铁龙品牌式微，逐渐成为了中国市场的边缘角逐者。

2011年作为东风雪铁龙的品牌体验年，一系列试图拉动品牌影响力以及主力车型世嘉的营销活动陆续上演。东风雪铁龙这次品牌营销跨界之旅，是一场意图找回“原点”之旅：第一，回应东风雪铁龙作为法系车的出身意义，力图塑造法系车的独特联想，也为自身品牌加码；第二，加深市场对于雪铁龙产品“可感知质量”的认可，并促进主力车型品牌的销售转化率。从最终的成效看，无论从活动的关注度、参与性以及最终的销售线索生成，针对主力车型世嘉品牌的营销活动获得了预期的成功。从羽球冠军与消费人群冠军生活态度的嫁接，直至世嘉冠军品质的承启，是一次有意义的尝试：凸显了产品品牌本身的运动联想，并且在2012年的奥运背景下，成为一种可以延续的话题。但是从某种意义而言，这种成功只是阶段性的胜利，是一种营销层面的回应。如果说品牌的价值绝不仅仅限于传播，如果说品牌应该置于企业核心的灵魂，是对企业业务发展、产品开发布局，以及产品特征起到引擎作用的核动力，那么对于东风雪铁龙而言，品牌跃升之旅尚任重道远，至少在品牌核心主张的诠释以及产品品牌布局方面，有两个问题必须回应。

一、作为“人性化科技”的倡导者，东风雪铁龙如何让市场感知品牌的独到内涵与魅力？作为法国戴高乐总统御用车以及现任法国总统朗索瓦·奥朗德进行就职典礼时的专车，雪铁龙品牌血液里一定有某种代表法系制造的精神与积淀。面对日系车普遍被赞颂的内饰和燃油经济性，德国车在操控性和安全性方面更胜一筹的一致认知，以及韩国车时尚炫丽外观的异军突起，法系车到底代表了什么稳定的联想？如果说雪铁龙的确拥有“非常成熟的底盘技术”的技术内核以及“舒适性”设计的优良传统，雪铁龙是否应该聚焦自身技术与设计实力，将这样的优势进行到底？此外，如何结合国家品牌的固有联想，提升企业品牌的可信度与渊源，也是雪铁龙无法回避的问题之一。曾经听闻，法国人对于生活方式有种“悦己”的心态，一种对于生活品质细节的不妥协（如案例中提到的C5座椅厚度的设计实例）。雪铁龙如果尝试借力这种对于法国人历来擅长经营生活方式的国家联想，对于“人性化科技”的品牌宣称无疑将增加魅力与厚度。甚至对于如何兑现“人性化科技”的品牌承诺，东风雪铁龙应该在目前的技术路线与产品特征中选择需要对外强化的优势，可以帮助品牌更快地建立认知与可信度。

二、如何构建差异化的产品品牌布局，面对需求日益细分的中国消费市场？多年来富康的成功多少成了雪铁龙品牌的一种尴尬。两者紧密的关联，对东风雪铁龙的品牌上行构成了挑战。虽然后来陆续加入了凯旋、世嘉以及即将进入视野的DS系列，但是无法复制的成功以及后期主品牌的低调运营、一线市场经销渠道的边缘站位，加之总体产品布局层次尚不丰富，雪铁龙品牌在中国消费者心智中的地位提升可能并非短期之功。尤其，中国市场的中高级车的战役已经打响，这个不能放弃的市场开始进入换车高峰。这个市场希冀的是品牌力，是买单技术、设计大过综合性价比的市场。构建每个系列相对独立的产品品牌定位，尽量拉开旗下产品的定位布局，也许是回应市场需求的切实可行之法。一方面，通过主体部件、内饰将各系列的定位差异化、清晰化，并用消费者语言逻辑化，让产品的卖点真正打入目标消费者“要害”，而非成为“鸡肋”配置；另一方面，通过适时地引入新车型，甚至针对高端子品牌开辟独立的销售渠道，创造独特的品牌体验，提升主品牌形象。

2012年，PSA动作频频，合并东风雪铁龙与东风标致，提升效率抱团取暖；公布未来数年的新品上市战略，加大对中国的投资。这些无不表明PSA对于中国市场的无限期待，也许东风雪铁龙将会借此契机，开启又一轮品牌的跃升之旅。

Haier

借助体育事件营销一步步走向了全球化的国家化品牌——海尔成为这次世界杯狂欢中的大赢家。

『海尔我的球队』活动，从草根中寻找运动激情，通过电视、网络、线下三方联动，利用多层次传播平台将效应放大，获得了令人瞩目的营销效果。

『海尔我的球队』活动贴近平民，激励草根人群勇于追求希望，实现梦想，同时彰显了海尔时代化、国际化的创新品牌精神，稳固该品牌在消费者心目中的势力范围。

海尔集团：2010年世界杯“我的球队”活动

与奥运会、F1并称为全球三大顶级赛事的世界杯，集中在一个月的时间内将全球范围内球迷的热情调动起来。超过300亿的庞大电视观众总人数、观众高涨的热情、极具黏性的受众，使得来世界杯成为了近年来各路商家竞相追逐的热点体育营销阵地，而被布拉特定性为“史上最成功的一届世界杯”的2010年南非世界杯，则让许多商家跃跃欲试以求在世界杯大餐中分一杯羹。到底谁能够在世界杯营销中获得成功呢？借助体育事件营销一步步走向了全球化的国家化品牌——海尔成为这次世界杯狂欢中的大赢家。

在体育营销方式层出不穷、用户群体逐渐理性的时代，海尔如何与世界杯的特性紧密融合，既能彰显其自身国际化品牌诉求，同时还能获得不错的投入产出比？海尔给出了清晰而又有力的答案，那就是其推出的“海尔我的球队”活动。该活动从草根中寻找运动激情，通过电视、网络、线下三方联动，利用多层次传播平台将效应放大，获得了令人瞩目的营销效果。

“海尔我的球队”是海尔与CCTV-5联手打造的，首次于世界杯期间举行的草根球队海选活动。只要有11人建制的足球队、定期有主题活动、是世界杯球队的FANS，都可以到官网报名。由央视著名主持人、著名球星、资深足球媒体人等组成推荐委员会，根据每支球队的表现和人气值，推选出25支球队参加CCTV-5的《豪门盛宴》，并参与电视现场“我的球队、我的球星”、“金球奖”选拔，并与央视名嘴同聊世界杯，与中国国家足球队同场竞技。

在诸多品牌急于借力世界杯这一全球体育盛事却又苦于无处着手之际，“海尔我的球队”活动贴近平民，激励草根人群勇于追求希望，实现梦想，同时彰显了海尔时代化、国际化的创新品牌精神，稳固该品牌在消费者心目中的势力范围。

第一节　海尔为何要做世界杯营销

通过世界杯营销达到提升品牌忠诚度和美誉度的目的，将品牌提升、市场竞争、品质塑造与海尔品牌相结合，进而促进海尔全球化品牌战略的跃升。

一、做世界杯营销符合海尔的品牌地位

每四年举办一次的世界杯是世界上最高水平的足球比赛，与奥运会、F1并称为全球三大顶级赛事。2010年世界杯，早在开赛前两天，就被布拉特定性为将是“史上最成功的一届世界杯”。全世界范围内的电视观众总数接近400亿人次，而通过中央电视台观看世界杯的电视观众总数接近100亿人次，拥有极其庞大的群众基础。海尔作为一个家喻户晓的民族企业，同时也是世界白色家电第一品牌、中国最具价值品牌，拥有相当大的消费群体和忠实用户，而与最具有群众基础的顶级赛事联系是海尔一贯的做法。海尔推行2010年南非世界杯体育营销，是完全符合海尔的品牌地位的。

二、世界杯可以彰显海尔的国际化和时代化品牌诉求

据统计，一个企业的品牌认知度在世界范围内每提高1%，就需要2000万美元的广告费，但借助大型的体育比赛，这种认知度可提高到10%。借助体育事件进行品牌营销，可以赋予品牌更多年轻、健康、积极向上等正面的理念，能够有效地与观众达成情感共鸣，同时也能配合企业线下的活动展开品牌的整合传播。

足球皇帝贝肯鲍尔曾指出：“在绿茵场上滚动的不是足球，而是黄金。”在商业时代打造出来的类似于贝克汉姆这样的天皇巨星更是大到航空汽车等大型制造企业、小到内衣挂饰等小商品的“摇钱树”，四年一届的世界杯为全球企业提供了“事件营销”与“体育营销”的双重契机，通过世界杯而名声大噪的企业并不在少数。

作为中国的全球性企业，海尔致力于传播国际性、时代性、超值性的品牌形象。所以海尔不遗余力地支持国际性盛会的同时注重传播勇于面对挑战的体育精神之举，可以显示其时代性、国际性的创新品牌精神，使海尔年轻时尚的品牌定位更加明晰。

通过与世界杯相结合，传递积极进取、为梦想拼搏的精神内涵，在彰显海尔国际化品牌诉求的同时，会有效拉近海尔与消费者之间的距离，世界杯会成为海尔品牌与消费者沟通的情感纽带。

三、海尔有坚持体育事件营销的成功经验和内在需求

海尔在体育营销方面一直走在国内品牌的前列，成功案例经验相当丰富。例如：2004年海尔冠名墨尔本老虎队，该队正式更名为“墨尔本海尔老虎篮球队”，截至2005年2月底，海尔电脑在澳大利亚市场销售同比增长200%，这让海尔第一次尝到体育营销的甜头；2006年海尔与NBA签订了官方合作协议，宣布启动双方的市场战略合作，成功扩大了美国市场的品牌知名度，同时也提升了海尔在中国国内的形象；2005年8月12日，海尔集团公司在青岛与北京奥组委签约，正式成为奥运会历史上第一个白色家电赞助商，此后海尔一系列与奥运相关的活动，不但让海尔品牌走进了千家万户，而且更为海尔烙上了深深的奥运印记。

海尔借助体育事件营销一步步走向了全球化，同时深化了自己在本土消费者心目中的责任感。体育营销已经与海尔密不可分，毫无疑问，2010年的世界杯又是一个相当好的借势点。只要能够抓住这次体育营销机会，对于处于全球化名牌发展战略阶段的海尔来说，就将是推进品牌全球化、国家化的里程碑。

第二节　海尔营销世界杯——我的球队，我的世界杯

世界杯作为一项稀缺性资源，目前电视资源集中于央视，CCTV是国内世界杯唯一官方播出机构，CCTV平台是海尔进行世界杯营销主阵地的必然之选。“海尔我的球队”是海尔与CCTV-5联手打造的全国草根足球队选拔活动，其通过电视、网络、线下三方联动，利用多层次传播平台将效应放大。

一、网络搭建展示、选拔平台

世界杯期间，一般民众对于足球有着天然的关注度，可往往缺少深度参与的平台，而互联网出现之后，其互动性强的优势，为实现营销活动的多次传播提供了更多可能性。所以在“我的球队”活动前期，海尔携手CNTV体育台、中央电视台体育频道共同在网络搭建全国草根足球队选拔活动平台，构建全国草根足球群英版图。

只要球队在该活动平台网络注册“我的球队”并建立博客专区，通过文字、图片或者视频等任何方式记录“我的球队”，在博客中展示“我的球队”与所支持的世界杯球队的不解之缘等等，为“我的球队”积累热诚而重视的拥趸，聚集人气，获得支持率，人气较高的“我的球队”将获得奖品回报并同时享有被“我的球队”推委会优先关注权。同时通过各队博客的特色、人气值、内容，活动评选推委会将会选出25支“我的球队”，代表全国草根足球队，参与CNTV体育台的节目录制，赴约CCTV-5的《豪门盛宴》，并参与电视台现场“我的球队、球星”、“金球奖”选拔。

二、十市地面巡展造势

海尔在地面举行“我的球队”巡展活动，进一步扩大活动影响力。以青岛为全国首发启动城市，其他分别是A线5个城市：郑州、西安、沈阳、北京、太原，B线5个城市：武汉、昆明、成都、广州、杭州，行程距离约20000公里。

在“海尔我的球队”活动现场，央视的编导与人们亲密接触，聊世界杯，切磋球艺，并现场点评报名的球队。地面活动同时匹配海尔的产品推广，分为海尔产品销售区、电脑展示车厢、电视展示车厢、白色家电展示车厢和游戏互动区5个区域，活动区域总占地面积平均约1400平方米，海尔产品销售区约800平方米，平均每个城市开放运营三天，市民参与活动时，还可以当场体验、挑选、购买海尔的最新家电和电脑产品。

在现场活动中，既有妙趣横生的足球游戏，又有你争我夺的三人制足球比赛。既可用无线上网的电脑报名参加“我的球队”，给本城市的“我的球队”投票，又可以在海尔高性能电脑上体验一把FIFA世界杯的紧张刺激，在虚拟的空间内感受到足球的竞技快感；既可以用海尔电视观看经典球赛，还可以感受海尔全套家电给人带来的舒适便利。如果有球技在身，就更可以到活动现场的舞台上秀一秀自己的绝技，接受现场观众震天的喝彩。

三、《豪门盛宴》节目中“我的球队”高调出场，争夺“金球”

在“海尔我的球队”活动中力压群雄，脱颖而出的各路草根球队也纷纷在央视《豪门盛宴》节目中亮相。他们身着世界杯偶像球队的球衣，与主持人一起向观众讲述自己的足球故事，与中国国家足球队同场竞技，草根队员还获赠中国国家男子足球队球衣和海尔支持手机电视的G3终端U90T手机。

《豪门盛宴》中的“我的球队”栏目，通过展示来自中国民间的草根球队，让中国的草根球队通过亲身参与世界杯，讲述自己的足球生活，找到归属感，圆普通人的足球梦想，同时也可以让广大观众了解中国草根足球文化、了解中国草根足球现状，让更多的人了解足球、感受到足球的魅力；拉近普通人与足球、与《豪门盛宴》的距离，为广大观众提供另一种视角去看世界杯，表达对中国足球的期望。

6月26日，国家队的前国脚李明推荐的滨城之火足球队在《豪门盛宴》节目中登场，这是关注度颇高的一支草根足球队，这支球队的队员中有中国第一代宇航员孟森林，有联合国维和部队战士，有特奥会冠军，还有原俄罗斯国家青年队的主力队员，这些队员分属不同行业，却通过奥运火炬传递相识，通过足球长聚在一起。虽然队员的球技不够精湛，他们却将快乐足球的理念发挥到了极致。这支球队以足球为纽带，积极组织队员参加各种公益活动，为滨城大连增添更多记忆深刻的亮点。我的球队，大连的骄傲。

四、“一枚金牌，一所希望小学”活动

早在2008年奥运会期间，海尔就另辟蹊径，推出了“一枚金牌，一所希望小学”活动，即中国健儿每获得一枚奥运金牌，海尔即捐建一所希望小学。该活动也在奥运赞助活动总体认知度调查中以58%的认知度高居榜首，而海尔成为奥运会历史上首个将奥运精神与公益事业高度结合的品牌，在全球化的道路上迈出了十分重要的一步。而本次“海尔我的球队”则与“一枚金牌，一所希望小学”巧妙结合。作为一支特殊的“海尔我的球队”，云南班考海尔希望小学足球队在2010年7月11日世界杯决赛当晚亮相《豪门盛宴》，将此活动推向高潮，再次彰显出海尔的社会责任感。

用云南班考海尔希望小学球队为“我的球队”活动画上圆满的句号，借助全球最具影响力的体育赛事，引导社会关注希望小学，关注海尔希望小学，关注公益事业，起到了良好的社会效应。“我的球队”活动与海尔“一枚金牌，一所希望小学”的完美连接，全景展现了海尔致力于希望工程，始终践行实施着自己的公益承诺。

班考海尔希望小学在2010年5月成立了一支足球队，11名队员中最大的15岁，最小的12岁。大山里没有足球场，孩子们就在学校的篮球场上踢球；没有球鞋，就光着脚下场。闭塞和贫困，并没有让孩子们失去对足球的喜爱和激情。他们说，我们没踏上过真正的足球场，没踢过正式的比赛，甚至没有球衣球鞋，但我们对足球的热爱与全国其他地方的草根球队一样火热。我们盼望在电视机上，也能出现来自阿佤山区草根球队的身影。对孩子们来说，外面的世界是个未知的领域。

足球，将孩子们与世界连接起来，给孩子们注入了激情，让他们更加自信、更有朝气。

第三节　“我的球队”活动营销效果反馈

“我的球队”活动通过与世界杯相结合，传递积极进取、为梦想拼搏的精神内涵，彰显了海尔国际化品牌诉求以及企业健康向上的社会形象。同时，“海尔我的球队”又聚焦于草根足球爱好者，拉近了海尔与消费者之间的距离，既让“海尔我的球队”活动成为海尔品牌与消费者沟通的情感纽带，又充分体现了海尔集团一向秉承的人性化宗旨。

一、网络传播效果

网络共征集6766支球队参与活动，最高的球队支持率达到141553票，参与活动的这些球队不仅名字各异，队徽也是形形色色，有专门设计的LOGO，有球迷的大头贴，还有球队的合影照等，充分表现了草根球队的风采。由此可见，该活动传播范围广，群众参与度高，达到了“海尔我的球队”的传播效果。

以“海尔我的球队”为关键字在百度上搜索，找到相关网页约1370000个，新闻350篇，数量相当惊人，而以“海尔我的球队”为关键字在谷歌上搜索， 找到相关网页约888000个，数量也很巨大，这说明“海尔我的球队”在网民搜索中热度集中，关注度相当的高，成功地发挥了网络传播对于“我的球队”的宣传作用，在网民中形成一定的影响力。

CNTV和腾讯“我的球队”专题页面的流量：2010年6月1日至7月13日期间，“我的球队”专题页面访问量合计13666.1万页次，日均访问量317.8万页次，访问量趋势随世界杯比赛直播而波动，其中高点出现在6月14日的644.6万页次，证明该活动关注度居高不下，持久性强，让“我的球队”深入民心。

二、电视传播效果

从5月22日就开始投放的“我的球队”的宣传片，迅速点燃了人们参与的热情。宣传片一共播出3个系列共400多次：节目预告系列、海尔魅力榜系列、我的球队系列。其中光“我的球队”系列就播出24个版本，极大地吸引了观众的持续注意力。

硬性数据效果来看，到7月11日电视传播活动结束，共吸引50多亿人次的关注。

软性方面，《豪门盛宴》中共植入不少于5种元素，包括《豪门盛宴》中的两个大屏幕、魅力榜单、奖品提供、口播、滚动字幕等，给观众一种海尔无处不在的印象。

三、地面传播效果

在青岛，央视著名体育节目主持人张斌和资深体育媒体人颜强与草根队员和球迷真情互动；在昆明，国家足球队主教练高洪波携邓卓翔、于汉超两员爱将与草根球队现场PK，并感谢广大球迷对中国足球的支持与厚爱；在北京，《豪门盛宴》主持人童可欣、邵圣懿、前国脚徐阳与现场的市民同较球技；在沈阳和广州，人们冒雨参加海选活动；在杭州，球迷们顶着近40摄氏度的高温为自己的球队加油助威……这场近在身边的足球大戏，让中国的足球迷们在感受世界杯无穷魅力的同时，也释放了自己的足球激情，同时对于海尔有了更加亲近而又信任的品牌认知。

在10个城市为期共32天的活动中，共接待球迷约5万人次参与，覆盖约50万人次的目标受众。在聚拢人气增强品牌影响力的同时也有效地促进了销售，其中太原站3天活动期间，产品销量达到350多万元，前期的宣传投入并没有付诸东流，直接刺激了消费者对于海尔产品的购买欲望。

四、希望小学地面活动传播效果

海尔希望小学足球队的相关报道见诸全国门户网站，垂直类、财经类等网站媒体中，而在名博博文、BBS中网友回复总数为1050次，对海尔国际化、社会责任感、品牌、公益事业四个方面进行了讨论，多为正面信息而鲜见负面评论，这无形地提升了海尔在公众心目的地位。

用云南班考海尔希望小学球队为“我的球队”活动画上圆满的句号，以“我的球队”巧妙地与“一枚金牌，一所希望小学”活动相结合，借助全球最具影响力的体育赛事，通过中国最具影响力的媒体平台，展示了海尔希望小学良好的精神面貌，全景展现了海尔致力于希望工程，始终践行实施着自己的公益承诺，展现了海尔长期以来致力于公益事业的企业公民形象。此外引导社会关注希望小学，关注海尔希望小学，关注公益事业，起到了良好的社会效应，这也是海尔作为一个优秀企业应该具备的社会责任。

“海尔我的球队”立足于草根足球，抓住世界杯热潮，凭借强大的央视载体、创新式地通过电视、网络、地面活动三者结合，不仅更好地完成了虚实互动，而且也实现了营销投入的最大化产出。海尔借助2010年南非世界杯体育营销一步步走向了全球化，同时也深化了自己在本土消费者心目中的品牌形象。此外把原有的希望小学援建与世界杯体育事件营销相结合，使海尔品牌与冠军品质、社会责任、希望、梦想产生关联性，在彰显品牌理念的同时，丰富品牌联想。

【专家点评】

王海忠（中山大学中国品牌战略研究中心主任、首席专家，中山大学管理学院市场学系主任、教授、博导）

借势营销提升品牌形象

2010年海尔借势世界杯体育盛事，与CCTV－5联手打造“海尔我的球队”活动，并通过电视、网络、线下三方联动，利用多层次传播平台促进海尔全球化品牌战略。海尔赞助世界杯活动，巧妙应用了品牌杠杆原理。

第一，“门当户对”。2010年南非世界杯在全世界拥有强大影响力和庞大的群众基础，其形象和海尔拥有相似的精神内涵。借势世界杯可强化海尔的时代性、国际性、超值性的品牌形象。

第二，聚焦目标市场。“海尔我的球队”立足于草根足球，将拉近与广大普通人与足球的距离，深化海尔在本土消费者心目中的品牌形象，同时借助于世界杯一步步走向全球化。

第三，整合营销转播。“海尔我的球队”凭借强大的央视载体，创新式地通过电视、网络、地面活动三者结合实现高度媒体覆盖。通过网络搭建展示、选拔平台，十市地面巡展造势，《豪门盛宴》节目等活动不仅完成了虚实互动，而且实现了营销投入的最大化产出。

第四，实现公益承诺。海尔将原有的希望小学援建与世界杯体育事件营销相结合，彰显品牌个性的同时又丰富了品牌联想。

回顾海尔借势世界杯推出“海尔我的球队”的营销活动，可以发现成功的关键在于找到与消费者产生共鸣的世界杯文化，利用“海尔我的球队”活动平台将其有效地传递给目标消费者，达到提升品牌形象的目的。

海尔借势世界杯营销事件获得了令人瞩目的效果。但赞助具有时效性，海尔需要在“海尔我的球队”活动后深化赞助活动的后续营销，充分挖掘赞助的效益，让赞助活动能够增进海尔的品牌资产。

娇子®

中国驰名商标

娇子品牌创始于1995年，其诞生改写了四川无中高档卷烟品牌的历史。

娇子的品牌建设历程，经过了『世界珍宝，熊猫娇子』——『天之娇子，笑看风云淡』——『境由心生，自在娇子』——『中国娇子·中国梦想』等几个重要阶段，其品牌概念中始终蕴藏着优雅高尚的风格和深刻的进取精神。『娇子』品牌亦不断发展壮大，定位逐渐明确，品牌个性日趋成熟，实现了从区域品牌向全国卷烟品牌的跨越，迅速成为行业极具成长性的后起之秀。

『娇子』以感恩化作回报行业支持的实际行动，把爱心化作关爱社会的具体行为，为品牌营销和社会公益的匹配提供了一个非常好的范例。

娇子：中国娇子·中国爱

“建立和维系品牌身份和资产，需要在消费者头脑中树立一个良好的、强大的、独特的品牌概念”，因为一个“著名而可信的品牌可以简化消费者的决策过程，是对消费者的承诺，同时既可以使公司具有更强的溢价能力，又有更多的品牌忠诚者”。著名营销专家唐·舒尔茨在整合营销传播理念中强调，“利用现有的和潜在的顾客能接触到的与产品和服务相关的各项信息源”，以达到品牌传播效果的最大化。

娇子品牌创始于1995年，其诞生改写了四川无中高档卷烟品牌的历史。此前，中高档卷烟市场已经形成了许多知名品牌，作为一个追赶的后进者，除了有特色的产品，品牌营销是注定绕不过去的。可是，烟草行业存在特殊性，营销推广存在着严格的政策管制，“戴着镣铐跳舞”——形容烟草品牌营销至为贴切。

打造娇子品牌的川渝中烟工业有限责任公司却完成了这个高难度动作。娇子的品牌建设历程，经过了“世界珍宝，熊猫娇子”——“天之娇子，笑看风云淡”——“境由心生，自在娇子”——“中国娇子·中国梦想”等几个重要阶段，其品牌概念中始终蕴藏着优雅高尚的风格和深刻的进取精神。“娇子”品牌亦不断发展壮大，定位逐渐明确，品牌个性日趋成熟，实现了从区域品牌向全国卷烟品牌的跨越，迅速成为行业极具成长性的后起之秀。

2008年5月12日，四川汶川一带发生里氏8.0级的特大地震，这是新中国成立以来，破坏性最强、涉及范围最广、救援难度最大的一次地震。在灾难中，各行各业的知名企业及其品牌都遭受了不同程度的打击，川渝中烟及其核心品牌“娇子”也未能幸免。灾难发生时，川渝中烟适时推出“中国娇子·中国脊梁”的宣传主题，在自身遭受近3亿元重大损失并全面开展自救的同时，公司捐款捐物逾5000万元，以实际行动为抗震救灾贡献了自己的一份力量。

在灾难过去的2009年，川渝中烟一直在思考应该为灾区再做些什么。经过与四川电视台的深度沟通，双方决定共同打造灾后重建三年大型公益活动。

“中国娇子·中国爱”大型系列公益活动充分体现了一个有责任的品牌的公益信念，展示了“娇子”责任、担当、爱心、进取的企业公民形象。为期三年的公益活动赢得了良好的声誉，融洽了社会关系，扩大了社会影响，增加了经济效益，实现了品牌价值的大幅增值。

可以说，品牌营销的一大境界应是“润物细无声”，“娇子”以感恩化作回报行业支持的实际行动，把爱心化作关爱社会的具体行为，为品牌营销和社会公益的匹配提供了一个非常好的范例。

第一节　天时地利，蓄势待发

一、联合重组，得天独厚

川渝中烟工业有限责任公司横跨两个省市，刚成立时由6家卷烟企业组成。2003年，川渝烟草工业率先在行业进行跨省联合重组，组建了川渝中烟工业公司。站在行业的角度看，原先处于分散状态的川渝烟草工业没有什么优势可言，集中后其产销规模一下子达到200万箱以上，进入全国前10名。对于川渝中烟来说，重组绝不只是增大了“块头”而已，更重要的是构建了求得生存与发展的基础平台，为参与博弈市场添加了一个重量级砝码。

当然，仅靠生产规模的相对优势，想要在中国烟草“强者恒强、弱者趋强”的发展态势中站稳脚跟，实现跨越式发展，显然不容易。

由于地域差异和成长背景不同，几家企业都积淀了各具特色的文化，在建立新的运行机制、管理模式，重新调整利益分配格局的过程中，如果出现的冲突和矛盾不能得到很好的解决，就可能出现貌合神离的现象，甚至产生大企业病。川渝中烟成立后，根据“顺时应势、顺势而为，内部整合、外部联合，整体推进，共同发展”的战略思路，先后完成了三次大的阶段性改革任务，实现了从“六变三”到“三变二”，再到“四统一”。2007年开始全面按照新体制运行，实行物资、生产、技术、营销四个方面的统一运行，优化配置人财物等资源要素，加固了品牌运作的平台，为“娇子”品牌的成长创造了良好的条件。

早在2003年，国家烟草专卖局提出发展“中式卷烟”战略后，中国烟草市场就开始转向更有针对性、更加残酷的“升级战”，由品牌竞争演变成品类竞争，重点骨干品牌对特色烟叶的差异化需求日益趋多。其中，卷烟工业企业对“红花大金元”的青睐程度愈益有增无减，“红花大金元”也是炙手可热，甚至出现了“一叶难求”的现象。

“红花大金元”紧俏，是因为其天生娇贵，导致其产量有限，突出表现在两个方面：一是种植难，特色烟叶只有在特定的生态条件下才能生长，“红花大金元”对种植条件要求极为苛刻，对日照、雨水、土壤等提出了极高的标准，试验表明，我国仅有两个省的自然条件和生态条件适合其生长；二是烘烤难，和一般的烤烟相比，它烘烤时间较长，如果沿用传统方法，往往容易造成“青黄烟”。“难种”、“难烤”使“红花大金元”更加珍贵。

所幸，天府之国四川就有一方适宜“红花大金元”生长的沃土。这块神奇宝地集中在紧邻云贵高原的凉山和攀枝花地区，大自然赐予其得天独厚的丰厚资源：光热充足，降水充沛，土层深厚疏松，通透性能良好，多为红色土、紫色土、水稻土和冲积土等土壤类型，《中国烟草种植区划分研究报告》将其列为烟叶生产最适宜区。

最杰出的烟叶品种种植在最适宜的区域，造就了特有的清香型风格。专家总结概括，这里生产的“红花大金元”具有四个方面的突出特点：一是色素含量高，其中，类胡萝卜素含量高达23%至32%；二是多酚类化合物含量高，特别是可改善烟叶等级和香气吃味的绿原酸、芸香苷含量丰富；三是亚硝胺含量低，总含量显著低于传统品种；四是化学成分协调，山地清香味丰富饱满。

娇子品牌就是以“红花大金元”为主配方原料，由此确立了其新一代清香型的风格。可以说，无论产业运作平台还是先天的自然条件，娇子品牌都已经聚合了“天时、地利”的要素，呈现出蓄势待发的状态。

二、精简整合，品牌集中

曾经有人调侃，川渝中烟长在成都，毗邻云南，是其大不幸。作为中国烟草板块中最强势的云南烟草，其拥有大量的优势品牌，甚至是在成都当地，烟草渗透率居前的都曾经是云烟、红塔等云南品牌。更有国内一家知名的品牌策划机构预言，在云南、湖南、上海等地的强势企业夹击下，川渝卷烟工业将很难生存。

据资料统计，川渝中烟成立初期共有37个卷烟牌号，规格更是多达100余个。品牌培育不可能搞百花齐放，要形成品牌优势，培育强势品牌，就必须突破原有品牌格局，更为紧迫的是，在“大市场、大企业、大品牌”局面初步显现时，国家烟草专卖局提出培育“两个10多个”的战略目标，在大力推进卷烟工业企业组织结构调整的同时，加大卷烟产品结构调整力度，全面整合精简卷烟牌号，全国的卷烟品牌在短短几年内从1000多个锐减到2007年的170个左右。

无论是为了企业自身生存发展，还是提升中国烟草整体竞争实力，川渝中烟都不能被动等待，更不能坐以待毙，必须大刀阔斧地进行品牌整合，理清品牌发展思路，明确品牌发展方向。

牌号和规格那么多，如果要精简整合，舍谁取谁？当时，国内卷烟企业在整合品牌方面基本处于同一条起跑线上，都是摸着石头过河，但国际上可供借鉴的东西却不少，比如奥驰亚、英美烟草、日本烟草、帝国烟草等全球著名的烟草公司，走的都是品牌集中的道路。奥驰亚的卷烟品牌主要是万宝路，这个品牌年销量4600亿支以上，是世界当之无愧的第一大品牌；英美烟草的品牌主要有健牌、登喜路、555三个，这三个品牌销量超过1000亿支；日本烟草有110个品牌，从表面上看，似乎走的是多品牌战略路线，但他们重点发展的就四大旗舰品牌，即骆驼、云丝顿、柔和七星和沙龙。

基于这样的考量，川渝中烟结合自身实际，按照“三集中”原则（向名优品牌、主导品牌和主导规格集中），对那些批量小、亏损大、效益差的牌号给予大幅度削减，通过实施名优品牌战略、"品牌工程年"活动推进品牌整合，使在产牌号很快精简到5个，品牌布局逐步优化，优势品牌日益凸显。尤其是娇子品牌，其年销量从公司成立时的8万箱增加到2007年的25万箱，总体上已具备了向全国性重点骨干品牌进军的基础条件。

借助国家烟草专卖局"要把娇子品牌培育成过百万箱的全国性重点骨干品牌"的政策东风，2007年，为了进一步做强娇子品牌，增强品牌竞争力，川渝中烟提出了要全力打造"百万箱娇子品牌工程"的目标，并制定了其后3年时间的阶段性目标，即在"十一五"期间的后3年时间，确保"娇子"品牌销量每年增长10万箱以上，到2010年突破55万箱，力争达到65万箱。

三、精英文化，放眼全国

追本溯源，"娇子"卷烟品牌的创建与熊猫——世界的珍宝、大自然留给人类的稀有遗产密不可分。1995年，后来成为川渝中烟一分子的成都卷烟厂将旗下高端品牌命名为"娇子"，并选用憨态可掬的大熊猫作为品牌形象载体，自此便与大熊猫结下不解之缘。1996年，成都卷烟厂开先河认养了一只8个月龄的大熊猫，并把它取名为"娇子"，希望"天之娇子"大熊猫能够生生不息，与人类共存。

客观地说，起初娇子是以熊猫为主要图案造型的，在上海有"熊猫"牌香烟，所以熊猫的图形在整个品牌建设里曾使娇子的品牌变得有些模糊，而中国卷烟品牌中，以动物命名的品牌又如此众多，比如红金龙、飞马。因此，川渝中烟将宣传重点放在"娇子"这个拟人化的品牌，完全脱离动物的属性，形成鲜明的区隔。

娇子的品牌建设，历经"世界珍宝，熊猫娇子"——"天之娇子，笑看风云淡"——"境由心生，自在娇子"等几个重要阶段，娇子树立起"积极、进取、大气"的品牌基调，并将目标消费群体定位于精英群体，确立了娇子进军全国的发展方向。可以说，其品牌概念中始终蕴藏着优雅高尚的风格和深刻的进取精神，同时又很好地呼应了产品中高端的定位。

当然，客观地讲，把娇子做成百万箱规模重点骨干品牌并非易事。市场已经形成了众多成熟的中高端品牌，而拓展省外，巩固并提升省外销量比重又成为实现目标的重要一环，然而，没有强大的品牌影响力寸步难行。

自2007年7月起，川渝中烟整体采取"高端占位、细分传播、广义告知、深度影响”的媒体传播策略，立足全国视野，开展大面积的品牌形象传播。娇子的发展大计甫定，很快就迎来了2008年的时代大势，恰好为娇子提供了借力打力的机会。2008年北京奥运，中国百年梦想即将实现，全国上下的爱国热情空前高涨。可以说，北京奥运给中国每个品牌提供的机会是一样的，唯一的差别在于，如何借势百年梦想，呼应时代主题，完成品牌由大到强的自然过渡？

在这样的背景下，川渝中烟果断提炼出了“中国娇子·中国梦想”作为2008年的品牌推广主题。该主题是2008年奥运主题“同一个世界、同一个梦想”与“中国娇子”品牌文化的精神结合，与“中国娇子”一贯倡导的精英文化一脉相承，清晰的品牌概念唤起了消费者的自豪感、认同感，这在烟草市场中殊为难得，极大地升华了娇子品牌的“新锐、进取、自信、积极”的“精英精神”。

通过不懈努力，娇子的品牌价值在迅速提升，逐步成为精英文化的象征，如“娇子X”，其个性化、差异化的产品设计，如今已成为国内卷烟时尚特色第一品牌。2008年6月，世界品牌实验室发布了2008年《中国500最具价值品牌排行榜》，“娇子”品牌位列第242位，居全国卷烟品牌第10位。最重要的评价来自市场，川渝中烟的合同单位由2008年初的269家，到同年6月已经增至324家，而新增合同单位均为省外客户。

取得巨大成绩的同时，作为被国家烟草专卖局认定的“20+10重点骨干品牌”，娇子面临着品牌知名度高但品牌感知度低，全国市场覆盖有限，全国性的明星产品缺乏等问题，必须进行全国突围，才能在下一步市场竞争中站稳脚跟，进位争先；而同期，营销环境也在悄然发生变革，2006年1月，《烟草控制框架公约》在中国正式生效，2008年11月，缔约方第三次会议通过了第11条、第13条和第5.3条的实施准则公约，其中第13条实施准则全面禁止烟草广告、促销和赞助活动，包括禁止烟草公司宣传任何“具有社会责任”的商业活动，根据承诺，中国在2011年履行这一条款。

如何在原有品牌资源基础上，进一步向目标消费群传达品牌的全国视野，拉近情感距离，产生心理共鸣，巩固并提升其全国性品牌的地位，成为娇子品牌建设中亟待解决的课题。

第二节 “中国娇子·中国爱”公益活动

“5·12”，是每一个中国人都将铭记的特殊日子。2008年的这一天，地动山摇，一场8.0级地震突然发生在四川汶川、北川一带。顷刻间大地颤抖，山河位移，建筑倒塌，满目疮痍。这是新中国成立以来破坏性最强、波及范围最大的一次地震。

在灾难中，川渝中烟人自身没有倒下，积极投身于抗震救灾的第一线，与受灾同胞一道共渡难关、共克时艰，以强烈的社会责任感，义不容辞全力抗震救灾。川渝中烟成为了连接行业与灾区的情感纽带，娇子品牌也成为了助推灾后重建的特殊载体。

“5·12”汶川大地震来临之际，川渝中烟就适时推出“中国娇子·中国脊梁”的宣传主题，不顾自身遭受近3亿元重大损失，公司捐款捐物逾5000万元，以实际行动为抗震救灾贡献了自己的一份力量。在灾难过去的2009年，川渝中烟就一直在思考应该为灾区再做些什么。

一、企业公民，由始至终

公益营销与传播已成为品牌建设的重要力量，这亦是一个企业公民立足于社会与市场的重要行为表现，更是一个企业公民着力塑造的大众心理印记。自品牌创立以来，娇子与中国社会的脉搏始终一起律动，深深植根于这片沃土，赞助公益事业、资助贫困学子、帮扶弱势群体本来就是川渝中烟企业整体战略的一部分。

2004年，川渝中烟与共青团四川省委、华西都市报等单位联合发起“娇子百万助学建设西部”大型资助活动，出资130万元资助了130名贫困大学生；2005年，川渝中烟再度与四川省团委合作，针对应届高考学生开展“中国娇子·阳光助学”活动，将“娇子之夜”演唱会的全部收入用作娇子助学基金，这一次，又有50名贫困大学生受助；2006年，“娇子阳光助学”活动进一步延续和深化，川渝中烟一次性出资200万元，资助四川大学贫困学子。

除了实施“阳光助学”外，娇子还参与了众多社会公益活动，资助了多项文化体育事业。娇子小学、娇子天桥、娇子连心桥、娇子音乐厅……就是见证；“娇子·再看第四城”、“娇子·成都十大名片评选”、“娇子成都24小时快拍”、“娇·阳光青年彩信大搜寻”、“娇子·北京奥运倒计时”……便是诠释。

可以说，娇子品牌是一个热心社会公益事业的品牌，责任与爱心始终贯穿于企业发展和品牌成长的全过程，娇子品牌的16年成长历程，正是一个不遗余力地提高娇子产品“科技、低害”高品质的过程，也是一个不断提升娇子品牌“责任、爱心”这一价值理念的过程，更是一次次责任品牌的公益传播过程。据不完全统计，娇子品牌自1995年创牌至今，共主办或参与了50余项社会公益爱心活动，范围涵括爱心助学、社会公共设施建设、拥军活动、行业内及社会文体事业、社会精神文明建设等各个方面。仅仅自2003年成立至2007年，川渝中烟共向社会捐助超过2000万元。

由于在社会公益方面的突出表现，娇子品牌在2007年中国烟草大型公益活动评选中被评为“中国烟草最具爱心品牌”。

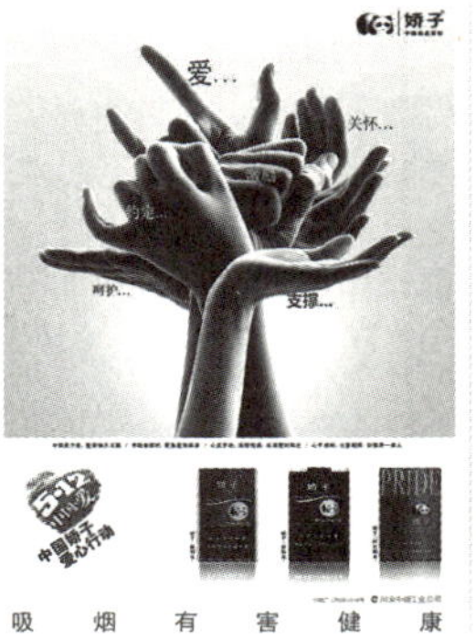

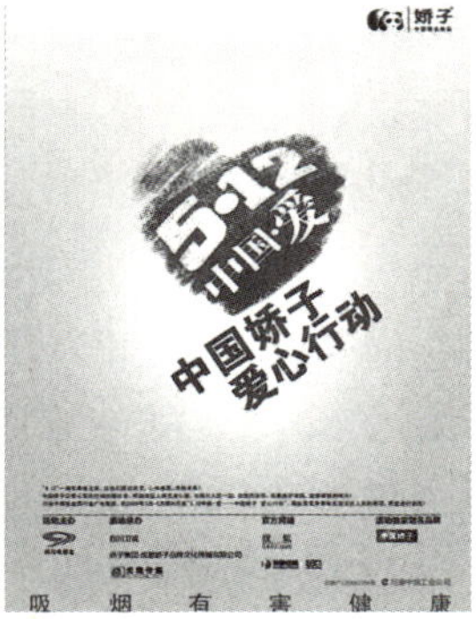

二、爱心互助，感恩回报

2008年，四川汶川一带爆发里氏8.0级的特大地震。

地震之后，处于灾区的川渝中烟自身遭受近3亿元重大损失。成都分厂及所处重灾区绵阳、什邡的绵阳分厂、什邡分厂及长城雪茄烟厂一度被迫停产。面对如此严重的灾情，川渝中烟一方面组织职工开展抗震救灾活动，另一方面也组织员工开展生产自救。同时，以强烈的社会责任感，义不容辞全力抗震救灾，公司捐款捐物逾5000万元，以实际行动为抗震救灾贡献自己的一份力量。

汶川地震发生后，烟草行业连续3年专门召开了娇子品牌的发展座谈会。为一个品牌的发展召开全行业级别的品牌发展座谈会，仅有“红塔山”、“云烟”、“娇子”这3个品牌，这充分体现了全行业上下对娇子品牌发展的高度重视，对娇子品牌在震后的涅槃重生寄予了殷切厚望。

国家烟草专卖局要求全国烟草商业企业，把支持娇子品牌发展当作支援灾区建设的一项政治任务，当作展现卷烟销售网络价值的一个契机，当作工商协同营销、培育品牌的典型案例，举全行业之力培育娇子品牌。在中国烟草发展史上，以这种方式支持一个品牌发展，目前还是第一次。随即，各省市烟草商业企业纷纷结合自身实际制定支援四川灾区建设、培育娇子品牌的措施。

在全国烟草行业的支持下，娇子品牌没有辜负全行业寄予的殷切厚望，实现了一个品牌在震后的涅槃重生和跨越赶超，完成了“质的飞跃”：2008年1—12月，实现销售40.5万箱，同比增长62.4%，品牌无提示第一提及率位居全国第5位，品牌知名度位列第13位，消费者满意度达到78.7%，位列第4位。

滴水之情当涌泉相报，在灾难过去的2009年，川渝中烟一直在思考应该为灾区再做些什么。同时，伴随着WHO《烟草控制框架公约》在中国的生效，烟草品牌的传播将受到进一步的限制，企业一直在寻求新的方式与载体来传播娇子品牌不断追求成功并具有社会责任的精英文化主张。

这时，同处灾区的新闻媒体四川电视台所策划的“灾后重建三年大型公益活动”的方案雏形露出水面，其所倡导的“阳光·励志·圆梦”与娇子的品牌调性高度一致，同时也为灾区企业与品牌回馈社会、感恩社会提供了一个绝好的传播平台。把感恩化作一次回报行业支持的实际行动，把爱心化作一次关爱社会的具体行为，川渝中烟工业公司随即联合四川电视台、光线传播及全国23家对口援建省市的电视台和百位明星，向全国观众强势推出灾后重建的大型公益活动。

三、携手伙伴，系列推进

经过与四川电视台的深度沟通，决定双方共同打造“灾后重建三年大型公益活动”，主要分三年分布推进。系列活动以2009年“5·12中国·爱——中国娇子爱心行动”开场，为期三年的系列活动始终依托传统媒体强大的核心价值观的传播力度和影响力，借助网络媒体的互动性，网络视频网站的节目可追溯性和时效延续性，使“中国娇子·中国爱”所传导的社会责任与爱心理念，得以有效的传播。

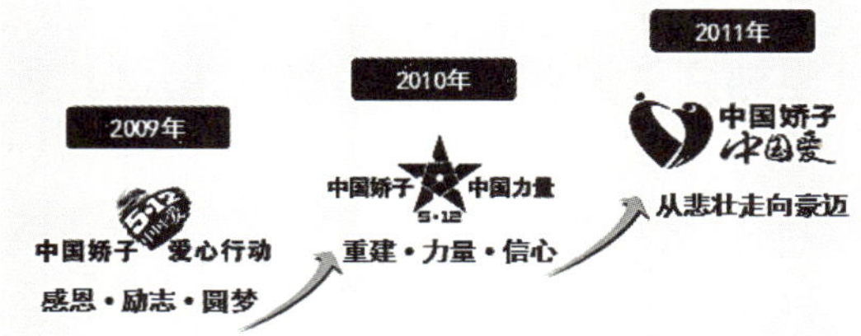

1. 第一阶段

2009年4—6月，以“5·12中国·爱——中国娇子　爱心行动”为活动主题，以“阳光·励志·圆梦”为活动核心诉求，全面展现地震发生一年来，四川人民乐观、坚强、感恩的精神风貌以及所有中国人经历这场劫难后在精神层面的一次实质性飞跃。

整个活动邀请参与2008年抗震救灾的英模人物、志愿者、文化名人及影视明星组成“明星志愿者爱心行动组”，以面向广大灾区人民征集一年来珍藏心中的朴素美好的心愿为起始，通过挖掘他们生活中的“爱”与“心愿”，成功打造出厚重的人文色彩和关爱生命的传播基调。

2. 第二阶段

2010年4—6月，以“中国娇子·中国力量”为活动主题，主要展示四川灾后重建的巨大成果，再现感同身受的四川人民“感恩之心，报恩之举”，弘扬灾后重建中自力更生、艰苦奋斗的伟大中国力量，展现灾区新貌、民生巨变、感恩奋进和百姓信心。活动主要由《绽放生命的微笑》公益广告、《重建之路》媒体大行动、《挑战命运的勇气》人物志、《见证》两周年大直播、“5·12”两周年特别节目五大板块构成。

3. 第三阶段

2011年4—6月，以“中国娇子、中国·爱”为活动主题，以“弘扬中国大爱精神、充分展现重建成果、回馈援建省市和全国人民”为核心诉求，通过纪录片、新闻行动、主题电视剧、“5·12”大直播和特别节目为五大板块，构筑重建印象、升华民族大爱。

四、整体传播，张弛有度

随着公益营销与传播模式的演进，其营销与传播主体逐渐发展到各传播媒体自身、企业主体（广告主）、政府及社会公益组织等，营销与传播方式逐渐由某个单一的公共事件或媒体形式，转变为全方位、多媒体的互动整合传播模式，公益活动的整合传播内容从社会公德发展到涉及环保、助学、救援、义工等社会各项公益活动的倡导和宣传报道。

自2007年7月起，川渝中烟一直采取“高端占位、细分传播、广义告知、深度影响”的媒体传播策略，立足全国视野，开展大面积的品牌形象传播，尤其善于通过多种媒体开展全国性的广告运动，同时结合线下终端，以品牌传播、品牌战略和品牌营销共同建造起的品牌综合势力竞争方式，来深化消费者的品牌认识。

基于多年品牌运营的实际经验，娇子品牌在运作“中国娇子·中国爱”系列公益活动时显得驾轻就熟，整体传播策略灵活多样，节奏张弛有度，有效地整合了各项资源，实现了传播效果的最大化。

1. 选择主导性媒体传播不可复制“爱心行动”，塑造并提升充满爱心与社会责任感的娇子品牌形象。

系列公益活动以地处灾区的四川电视台为传播主体，充分利用电视媒体的资源优势并设计了具有不可复制性的活动内容，使活动的公益爱心效益得以充分的展示。秉承爱心理念，建构公益品牌，以主题冠名的媒体公益活动引发全社会对“后5·12”时代的关注，从而有力地提升了娇子品牌的社会公信力和影响力，塑造充满爱心与社会责任感的娇子品牌形象。

2. 一改常规冠名方式，让品牌名称“娇子”及其传播口号“中国娇子”自然融入到每一年活动宣传推广的各个环节，最大限度而又自然地争取宣传曝光率。

以2009年“5·12中国·爱——中国娇子　爱心行动”为例，一改“×××品牌5·12中国·爱——爱心行动”的常规冠名方式，弱化商业诉求，最大限度地让品牌价值与活动传导的公益精神相融合。

3. 明星效应与感人故事引发受众持续关注。

无论是参与“中国娇子　爱心行动”的百名明星志愿者还是每一年“5·12”周年特别节目登台亮相的演艺明星，都或到演播现场聆听故事参与访谈，或拍摄公益宣传片，化身“爱心大使”、“心愿实现使者”，零距离贴近活动对象。通过明星的讲述以及与灾区群众的真情互动，极大地提高了节目的收视率，引发各类受众的持续关注。

以2009年“5·12中国·爱——中国娇子　爱心行动”为例，整个活动邀请参与2008年抗震救灾的英模人物、志愿者、文化名人及影视明星组成“明星志愿者爱心行动组”。以明星志愿者行动为载体，一方面以志愿者的视角和体验，重温抗震救灾中的感人事迹，展现灾区人民面对大灾时坚定乐观的品质、积极向上的生活态度，展现一年来在全国各省市的支援下灾区重建家园所发生的变化；另一方面，重访灾区的明星志愿者还通过“中国娇子　爱心行动”帮助灾区群众实现自己的心愿，形成以志愿者和明星活动为经，以抗震救灾和重建家园中所涌现出来的典型人物事件为纬，通过灾区群众与明星志愿者之间的真情互动，展现志愿者帮助灾区群众实现美好心愿的感人过程，调动受众的热情和社会对活动的持续关注。

活动中云集了成龙、陈道明、林志玲、蒋雯丽、王姬、周迅、张静初、佟大为、陈坤、郑元畅、袁泉、舒淇、蒋勤勤等众多明星，在公益活动的全过程中，充当争做爱心行动的志愿者。

例如，明星志愿者林志玲从台湾地区赶来，和心愿行动组一起探访了在地震中用石头砸断自己的右腿，喝下自己的血，坚强地生存下来的龚天秀。龚天秀的心愿是履行自己对丈夫的承诺，心愿行动组将代替其丈夫王怀俊实现对龚天秀的诺言——带龚天秀去天涯海角看海。由于龚天秀非常喜欢李玲玉，于是爱心接力棒就交到李玲玉手中，利用林志玲陪伴龚天秀的这段时间，李玲玉联系了旅行社、航空公司以及酒店，妥善地安排了龚天秀此次天涯海角之旅的一切细节，并在多方帮助下，终于实现了龚天秀的心愿。

4. *活动内容丰富，相关联动，层层推进。*

“中国娇子·中国爱”系列公益活动结构层次分明，内容丰富，相互联动，一以贯之。从前期预热、中期持续传播直到最后活动高潮以及后续传播，层层推进，成功地把握了活动推广的节奏。

同样以2009年“5·12中国·爱——中国娇子　爱心行动”为例，自2009年3月20日起，每天从早到晚，在四川电视台下辖8个频道开展高频次的，以百位明星为主角的多条活动宣传片，唤起全国观众对地震事件的记忆，征集震区群众和全国志愿者关于震区的梦想，共计向全国累计播出3502次，聚集人气，提前引发社会各界的广泛关注；4—6月，30期主题节目在四川卫视周一至周四黄金时段播出，同时全国24家地方电视台连续转播了这一弘扬抗震救灾精神的主题节目，持续传播，累积感动；“5·12”当天，推出汶川大地震一周年纪念特别节目《中国娇子·爱心行动之中国精神》，引爆全国关注的焦点。

5. *整合传播，形成以电视为主体，全媒体参与，点面结合的整合推广效应。*

每一年的活动以“四川卫视＋23家对口援建省市的电视台+四川电视台各地面频道”为核心传播载体。

为扩大活动影响面，“中国娇子·中国爱”系列活动在依托权威独特的电视媒体的同时，还大胆创新，积极联合网络、报刊、户外、短信、广播等多种媒体联合开展活动宣传推广。活动非常重视网络的力量，在神韵在线、搜狐网站建立专区，进行系列专题报道和视频点播；同时链接视频网站土豆网、优酷网等视频网站上传播放节目视频，形成发强大的二次传播影响力；在搜狐与新浪上建立专属博客，对具体内容深入介绍分析，引发网友互动；同时，众多参与活动的明星均在自己的私人博客、微博上讲述自己参加“中国娇子·中国爱”的故事与花絮。

除网络宣传外，本次活动联合《新世纪周刊》、《看天下》等多家全国知名杂志进行了深度跟踪报道；数十家区域性强势报媒，如《羊城晚报》、《扬子晚报》、《新京报》、《楚天都市报》、《华商晨报》、《华商报》、《华西都市报》、《南方都市报》、《新闻晨报》、《法制晚报》等也参与报道本次活动。最终电视传播与其他媒体的积极宣传形成互动，创下收视与反响的双提升。

6. 线上线下有效结合，线上品牌传播带动线下营销推广。

为了配合全国各省市媒体的整合传播效应，娇子每年都在活动开展阶段开展相匹配的一系列线下的营销活动，通过情感营销、公益形象的终端宣传、后续推广等各种手段传递娇子品牌的责任与爱心。

以2009年为例，为了答谢全国烟草商业对娇子品牌的支持，川渝中烟特向全国36个重点城市的烟草公司发出邀请，请每个公司推荐优秀员工，组成“中国娇子阳光大使方阵”，亲临“5·12”一周年特别节目现场，与百位明星一起助力灾区建设，并参观灾区，完成娇子品牌与全国烟草商业代表的一次情感营销。针对烟草公司的客户经理、送货员、电话访销员等一线员工，赠送活动礼品套件和宣导手册，让他们在使用过程中感知活动并宣传活动，让更多的人感受到娇子品牌灾后重建的信心与决心。同时，为了让消费者切实感受到线上活动与线下产品的关联度，在重点市场开展以终端物料陈列为主的消费者促进活动。活动结束后，为延续活动的影响力，特策划编辑“5·12中国·爱——中国娇子　爱心行动”全记录画册（附光盘），赠送给社会各界，让没有亲历活动过程的人们更加真切地感受活动。

第三节　传递爱心，品牌升华

“中国娇子·中国爱”大型系列主题活动，既是一次企业责任回报社会的必然之举，也是企业通过公益传播活动增强娇子品牌价值的策略之举。

通过整合传播策略，系列活动最大限度地调动了各种媒体的传播力量，使娇子品牌所倡导的“中国娇子·中国梦想”的品牌理念得以有效的传播，达成了娇子品牌从形象宣传到价值追求的彰显，巩固了品牌价值，实现了娇子品牌16年成长历程的一次完美升华。

一、公益标杆，爱心典范

“中国娇子·中国爱”系列公益活动通过展现四川人从悲壮走向豪迈的重建过程与成果，成功地在特定时间引起了全国人民的关注，每一年均取得优异的收视表现，通过网络、短信等互动平台收获众多反馈，赢得了巨大的反响，成为2009—2011年度省级卫视最具影响力的大型公益电视节目之一。活动带来了巨大的影响力，树立起了“后5·12时代”公益传播的标杆。

以2009年“中国娇子　爱心行动”为例，其成为当年省级卫视最具影响力的大型公益电视节目之一，30期主题节目及“5·12”当晚的特别节目取得优异的收视成绩，尤其是四川卫视“5·12”当日《中国娇子·爱心行动之中国精神》特别节目在CSM35城市组数据中排名全国第一，当天四川卫视全天收视率稳居全国第一，全国观众更是反应强烈，好评如潮，其影响力更远远超过收视率。

“中国娇子·中国爱”大型公益活动的传播者和受传者，在系列活动中完成了一次又一次爱心传递，也使得活动具有了强大的社会感染力，带来了不可估量的社会效益和良好口碑，堪称川渝中烟及其娇子品牌关注社会、回报社会和服务社会的一项善举，巩固了其有责任的品牌形象，并得到了社会各界的认可。

2009年，在中国广告协会举办的第十六届中国国际广告节上，川渝中烟工业公司获“2009年度中国广告主长城奖——热心公益活动企业”称号；2009年，“娇子”获《文汇报》“影响中国·十大知名原创品牌”和《新世纪周刊》“‘和谐·责任’爱心品牌”；2010年，“娇子”获得由《华西都市报》和中国雅虎携手全国50余家主流媒体共同打造的“榜样中国·2009年度传媒金榜”之“2009年度传媒金榜之卓越品牌”大奖，川渝中烟获得“2009年度传媒金榜之责任企业”；2010年，“中国娇子·爱心行动”品牌建设案例获得“首届中国经典传播大奖全场大奖”；2011年，“中国娇子·中国爱”荣获“第七届中国最佳品牌建设案例”……

二、涅槃重生，继往开来

2007年前，娇子还是一个区域性品牌，虽然进入全国20多个省级市场，不过，最大的年销量仅8000多箱，最小的不到100箱。“5·12”汶川特大地震发生三年来，在国家烟草专卖局和全国烟草行业空前支持、地方党委政府及有关部门倾力助推下，川渝中烟举全公司之力培育娇子品牌，区内选点打造标杆，区外挖潜以点带面，娇子销量稳步提高，实现了全国布局。

2008—2010年期间，娇子品牌一直保持着非常良好的发展态势，品牌年销量从震前的25万箱迅速增长到了2008年的40万箱，2009年的53万箱，2010年的73.3万箱，3年时间里娇子品牌销量增长了近200%，实现了跨越式的大发展。娇子品牌以其优异的市场表现成为了全行业发展最为突出的代表品牌之一，成为了全行业发展最为杰出的标杆品牌之一。

2010年，娇子品牌产销量达73.3万箱。其中，低害产品超过30万箱，位列全国第一；低焦油产品5万余箱，排名全国第三。5年来，娇子品牌已在行业树起了中式卷烟减害标杆，形成了“娇子（时代阳光）”等全国性的明星规格产品，稳步进入“全国双十五”重点品牌的行列。

市场分布上，省内外差不多各占半壁江山，省外重点市场逐渐显现，重庆、陕西、江苏等10个省（市）超过1万箱；在全国可以自主购进卷烟的325个烟草公司中，娇子品牌已进入324个公司的销售网络，市场覆盖率稳居全国第三，品牌成功实现从“区域品牌”到“全国品牌”的跨越。

2011年，娇子品牌产销量突破115万箱，进入全国烟草行业100万箱俱乐部，跻身全国“双十五”品牌（销售收入、销量排前15位的品牌）之列，这标志着川渝中烟和娇子品牌进入了一个新的发展阶段。2011年11月18日，在川渝中烟四川烟草工业公司成都分厂，第100万箱娇子顺利下线，同时启动200万箱娇子工程，到2015年，娇子预计产销将达到200万箱。

乘势而上，提速赶超，可以说，娇子品牌在震后涅槃重生，实现了跨越式发展，并成为了最有望冲击行业“532”和“461”大品牌阵营的代表品牌之一。

灾难，历练着人们的勇气，考验着人们的智慧；机会，则深藏于危机的起伏与转瞬之间。娇子三年爱心接力，将品牌与责任做了更新的诠释；整合传播，使“中国娇子”高扬起前进的风帆，激情、互动与坚持，成就了娇子品牌持续三年的茁壮成长，坚定了其跻身烟草行业“第一方阵”的信心……

【专家点评】

王海忠（中山大学中国品牌研究中心主任、首席专家，中山大学管理学院市场学系主任、教授、博导）

娇子灾后重建，树立品牌形象

娇子灾后为期三年的“中国娇子·中国爱”大型系列公益活动利用全媒体整合营销传播将不同时间段特定的活动主题准确传达给目标消费者，并积极鼓励消费者与之互动，充分体现了一个有责任的品牌形象，实现了品牌价值的大幅增值。

品牌聚焦，明确定位。娇子将品牌明确定位于中高端，清晰树立起积极、进取、大气的品牌形象，将目标消费群体聚焦于精英群体，为之后的大型系列营销活动奠定了基调。

整合传播，层层推进。活动三年中与时俱进地开展了不同的主题活动。在活动传播过程中除依托权威的电视媒体，还根据目标群体接触媒体偏好，大胆创新，积极联合网络、报刊、户外、短信、广播等多种媒体开展活动宣传推广，充分引发群众互动热情，实现了全方位、多媒体的互动整合传播模式。

社会营销，提升品牌形象。为期三年的“中国娇子·中国爱”大型系列公益活动充分展示了娇子责任、担当、爱心、进取的企业公民形象，巩固了其品牌价值，提升了其品牌形象。

娇子通过灾后重建三年公益活动，不仅树立了一个良好的企业形象，而且向员工传达了一个积极信号——自己所在的企业是负责任的、可以依赖的，由此增加员工的认同感，激发员工的积极性和工作满意度，从而无形中为企业创造价值。

当然，灾后崛起的娇子，应进一步向目标群体传递全国性品牌形象，娇子具有积极的、令人喜爱的品牌元素，拥有正面的美好的品牌联想，具有打造成为全国领先品牌的潜力。

中国驰名商标

瀘州老窖

泸州老窖拥有深厚的历史文化底蕴，是中国酒文化的典型代表，早在1915年，就一举夺得巴拿马太平洋万国博览会金奖，赢得了世界的尊重，其对于传承中国白酒酿造技艺这一中国荣耀的努力一直没有停止。

泸州老窖精心策划了一场『全球航天英雄评选，巨擘云集共贺中国荣耀』的品牌营销战役，巧妙地结合『泸州老窖　中国荣耀』的品牌宣言，与震撼世界的中国航天共同宣告世界，以创造性的资源整合、活动策划，从全民互动到与国家高层互动乃至与全球互动，将国家荣耀、品牌内涵和新品发布融为一体，借势国家大事件巧妙地进行了一次『全传播』：让藏在背后的无名英雄走进了公众的视野，让探月之旅的中国荣耀光耀寰宇，并汇集民族品牌，更汇集每一个国人，将品牌形象推向了『泸州老窖和祖国在一起创造荣耀』的新高度，堪称事件营销的典范案例。

泸州老窖：世界航天，中国荣耀

2010年10月1日，“嫦娥二号”卫星升空，中国又一次用自己的创造让世界仰望。探月工程是中国航天事业的战略工程，是继人造地球卫星、载人航天之后中国航天活动的第三个里程碑。这是属于中国人的荣耀，也是全世界的荣耀，这样的荣耀让全体中国人民分享，让更多参与到这份荣耀中的人感动。

泸州老窖拥有深厚的历史文化底蕴，是中国酒文化的典型代表，早在1915年，泸州老窖特曲作为中国最古老的四大名酒之一，一举夺得巴拿马太平洋万国博览会金奖，赢得了世界的尊重，向世界展示了属于中国的荣耀，其对于传承中国白酒酿造技艺这一中国荣耀的努力一直没有停止。

“嫦娥二号”卫星的成功发射，自然吸引了国内众多企业摩拳擦掌，意在借助事件营销的手段，吸引大范围的品牌关注度，提升品牌知名度。那么，作为中国探月工程战略合作伙伴，什么样的传播才能让泸州老窖融入其中，怎么样的传播才能尽显其精髓，才能匹配航天大业的中国荣耀？

同时，这又很像一次大胆的“跨界之旅”。白酒业，特别是高端白酒品牌往往强调历史厚重感和悠久文化的传承，和消费者进行深度的情感沟通，而航天是最尖端、最前沿科技的代表，甚至带有一丝冰冷的金属味道，二者之间似乎是格格不入的，因而，当为品牌注入全新的元素时，也如酿酒，尺度和火候稍拿捏不准，味道就会有差错。

唯创造可以与创造相辉映，泸州老窖精心策划了一场“全球航天英雄评选，巨擘云集共贺中国荣耀”的品牌营销战役，巧妙地结合“泸州老窖　中国荣耀”的品牌宣言，与震撼世界的中国航天共同向世界宣告，以创造性的资源整合、活动策划，从全民互动到与国家高层互动乃至与全球互动，将国家荣耀、品牌内涵和新品发布融为一体，借势国家大事件巧妙地进行了一次“全传播”：让藏在背后的无名英雄走进了公众的视野，让探月之旅的中国荣耀光耀寰宇，并汇集民族品牌，更汇集每一个国人，将品牌形象推向了“泸州老窖和祖国在一起创造荣耀”的新高度，堪称事件营销的典范案例。

第一节　一脉相承，同为“中国荣耀”

一、“中国第一窖”，独树一帜

泸州是造物主眷顾的地方，它在青藏高原、云贵高原和秦岭围成的襁褓里，在长江和沱江交汇处的滋润中，这里有白酒酿造应具备的一切微环境条件：气候、水质、微生物资源。由于气候地理条件优越，泸州诞生了中国浓香型白酒，泸州老窖成为浓香鼻祖。全国消费的白酒中，有70%以上的是浓香型，泸州老窖是用凤凰山下龙泉井的水酿制，泸州又在长江边，长江又是中华文化中龙的实物图腾，中国人习惯把随着时间流逝而更加兴旺事物的发源地叫作“龙脉”。泸州被又誉为“中国酿酒龙脉”。

泸州酒业，始于秦汉，兴于唐宋，盛于明清，发展在新中国，与之一脉相承的泸州老窖集团是享誉海内外的百年老字号名酒企业，是在明清36家古老酿酒作坊群的基础上，发展起来的国有大型骨干酿酒集团。

泸州老窖源远流长，是中国浓香型白酒的发源地，以众多独特优势在中国酒业独树一帜，被称作“中国第一窖”。拥有我国建造最早（始建于公元1573年）、连续使用时间最长、保护最完整的1573国宝窖池群，1996年12月经国务院批准为行业首家全国重点文物保护单位，2006年被国家文物局列入“世界文化遗产预备名录”。“泸州老窖酒传统酿制技艺”作为川酒和我国浓香型白酒的唯一代表，于2006年5月入选首批“国家级非物质文化遗产名录”，成为行业首家拥有“双国宝”的企业。

公司资源丰富，拥有全球最大的窖池群落，该窖池群落由10086口窖池组成，其中百年以上的窖池有1619口。近年来，泸州老窖集团加快了基础设施、技术设施、人才体系和管理体系建设，原酒库库存规划增长到20万吨，现代化包装加工能力已达到30万吨，通过泸州酒业集中发展区建设可达100万吨。公司拥有“中国酿酒大师”3名、教授级高工4名、享受国务院特殊津贴专家7名，同时拥有包括国家级白酒评委、酿酒高级技师、技师在内的技能型人才数百名，人才优势行业领先。

泸州老窖集团确立了2016年实现综合性收入1000亿元的发展目标，致力于打造中国最大的酒业集中发展区——中国白酒金三角酒业集中发展区，以酒业为核心，以传统制造业与资本运营的有机结合实现扩张，形成融入经济全球化的大型现代集团企业，把泸州老窖建成“全球酒类市场中的航空母舰”，使其成为全球酒精饮料行业骨干企业。

泸州老窖奉行“天地同酿，人间共生”的企业哲学，以“敬人敬业，创新卓越”为企业精神，与社会同行，与环境相依，与人类共存，追求“在中国灿烂名酒文化熏陶中，全人类共享幸福美满的生活”。

毫不夸张地说，泸州老窖独有中国酒界唯一的有形与无形的双重国家级保护，一路传承了中国白酒文化的品牌、窖池和酿造技艺的荣耀。

泸州老窖特曲是中国最古老的四大名酒之一，1915年，“温永盛”300年老窖大曲荣获巴拿马太平洋万国博览会金奖；1952年，泸州老窖特曲又被评为“中国最古老的四大名酒之一、浓香型白酒典型代表”，是唯一蝉联五届 “中国名酒”称号的浓香型白酒。其“泸州”牌注册商标是中国首届十大驰名商标之一，“国窖”牌商标在2006年获得白酒类唯一的国家“驰名商标”，“泸州老酒坊”商标又在2008年获得国家驰名商标，泸州老窖是行业内唯一荣获三枚中国驰名商标的企业。

泸州老窖本身拥有的雄厚品牌资产，使之与中国航天事业在“国家荣耀”的价值诉求点上存在天然共性，这往往是其他品牌不具备的。

二、双品牌运营，使命高远

1988年以前，泸州老窖销售额在中国白酒业一直排名第一。20世纪90年代，五粮液、茅台和剑南春采用了名酒即高价的涨价策略，泸州老窖则采取“名酒大众品牌”的中低价策略，同时，盲目实施多元化，将上市的募集资金约1.2亿元中的60%投入到了白酒主业以外的行业中，由于决策性的错误，公司走上了一条动荡曲折的发展之路。1998年后，认识到多元化失误的泸州老窖重新把主要力量放到白酒主业上来，并自2001年开始强势导入国窖1573营销工程，重铸泸州老窖产品新形象。

2007年，泸州老窖开始实施“双品牌塑造，多品牌运作”的品牌战略，其中国窖1573品牌主要开拓白酒高端市场；而泸州老窖品牌产品价格低于国窖1573，在公司产品链中处于中流砥柱的位置。

“一个是中国奢侈酒的代表，一个是第一商务用酒的形象。”在泸州老窖集团董事长谢明描述的金字塔式品牌结构中：塔尖的国窖1573，始终保持它的品质，重质而不重量；塔柱是泸州老窖；塔基是泸州老窖的其他品牌。

其中，国窖1573将会延续定制化路线，主要从质量高度、文化高度和价格高度这“三高”入手，着重打造产品品质，开拓白酒高端市场。随着少喝酒、喝好酒的观念深入人心，国窖1573这种只注重高度不注重宽度的做法为人们所欢迎，国窖1573的塔尖效应正逐渐明显，这种“血统酒”，从窖池、年份、何人收藏、在哪储存等都有记录。

作为塔柱的是特曲系列泸州老窖，价格低于国窖1573系列产品，在公司产品链中处于中流砥柱的位置。与国窖1573小众消费群体不同，老窖特曲的销售对象更为广泛，也是公司2013年100亿元销售目标的根基。

近年来，公司将营销重点向老窖特曲做了适当倾斜，并在价格和销量方面做文章，在经销商层面和终端层面加大营销投入，同时，强势推出了泸州老窖特曲升级产品（百年、年份、经典以及窖龄酒），完善了泸州老窖特曲产品线。凭借着一流的品质基础以及全国知名品牌基础，泸州老窖特曲正稳步向全国性市场扩展。按谢明的设想，到2013年，特曲的产销能力将达2万吨，单价200元/瓶，按此计算，销售收入将达80亿元，占目标额的八成。

泸州老窖“双品牌战略”的实施非常合理。首先，这两个品牌价格定位不同，彼此之间并不存在竞争；其次，这两个品牌在中高市场均占据一定的市场份额，为公司带来不同层次的收益，同时相互渗透到该公司其他产品中，分散了公司运营的风险。如此看来，泸州老窖已经实现了1＋1＞2的双品牌效应。

中华文化走多远，中国白酒就可以走多远。尤其值得一提的是，国窖1573正立志于打造代表“中国元素”的世界级奢侈品品牌，为国争光！

自公元1573年（明朝万历年间）起持续酿造至今，430余年从未间断的1573国宝窖池群，是我国现存持续使用时间最长、保存最完整的原生古窖池群落，更是公认的“活文物”，其继承了几千年来酿酒工艺的悠久历史和奇妙的酿制技术，涵盖了文物的历史、科学、艺术三大价值内容；繁衍出的不同窖龄微生物簇群，数量庞大、丰富多样，成为世界酿酒大师们研究中国白酒的极限数据样本。

1996年国家文物专家组组长罗哲文教授在考察泸州老窖1573窖池时说：“今天我发现一样设备，别的设备越老越没用，唯有这种设备越古老越好，这就是具有400余年历史的泸州大曲酒老窖池。窖池越老，有益微生物越多，泥窖连续投入时间越长，窖池中栖息的微生物越丰富，其生命活动代谢所产生的复合窖香气就越浓郁，酿糟发酵产酒，酒质就特好，成了中国浓香型白酒的发源之地。”

国窖1573由泸州老窖1619口百年以上的1573国宝窖池群酿造，国窖1573自诞生之日起，无论从品牌的名字还是酒体本身都蕴涵了国宝窖池430余年的文化和历史。酿造国窖1573必须是连续使用100年以上的国宝窖池群，而泸州老窖具备酿造国窖1573条件的窖池，只有1619口，有限的百年窖池数量及多重复杂的工艺标准和要求，使国窖1573产量无法持续放量增长，据科学的计算和严格的评估，国窖1573原酒的年产量只有3000吨，对全球消费者来说，国窖1573将逐渐变成一种稀缺资源；而从消费行为上，它已不再是消耗性的快速消费品，而是资以品鉴与珍藏的奢侈品。

“国窖1573”是第一个以“中文＋数字”组合的中国品牌。“国窖”是指国窖1573酒源自全国重点文物保护单位——1573国宝窖池群；“1573”则是指该国宝窖池群始建于公元1573年（明朝万历元年）。国窖1573的品牌调性就是“有文化的、有品味的、有历史的”，天然具备稀有、尊贵、优雅、奢华的品牌特性。可以说，国窖1573是中国农耕文明集大成的精华，是中国浓香型白酒不可复制的巅峰之作，是中国千年酒文化的杰出代表，是情感和文化的载体。它的奢侈不是由人刻意去称谓和赋予的，而是由它物质与非物质的共同稀有价值存在所决定的，而这种价值获得了人类文明的一致尊重和认同。

“国窖1573”以1573国宝窖池群、传统酿造技艺、有机酿造原粮确保高品质及历史一贯性，承担着中国白酒打造世界性奢侈级酒品的历史使命！

三、战略坚定，营销求变

在国窖1573不断提价以及泸州老窖产品升级双重因素的推动下，近年来，泸州老窖股份有限公司的收入、净利润呈现稳步增长态势，其中净利的增速明显快于收入增速，2005—2010年，公司营业收入年均增幅达30%、净利润年均增速达到117%。这得益于公司近几年稳步推进双品牌战略、不断优化产品结构，而公司优化产品结构效果逐渐显现。

2011年，泸州老窖实现销售收入84.28亿元，同比增长56.92%，实现利润总额40.44亿元，同比增长38.57%；实现归属上市公司所有者的净利润29.05亿元，同比增长31.73%，再创历史新高。

但是，白酒市场竞争激烈，公司未来的发展面临较大的竞争压力，主要表现在：一是公司和行业龙头企业在经营实力、品牌竞争力等方面仍有一定差距，部分行业对手的高速甚至超速发展给公司带来较大的竞争压力，“前有标兵、后有追兵”的局面更加严峻；二是公司在内部管理上离现代企业的要求还有差距，转型发展有观念和人才方面的瓶颈。

面临压力，泸州老窖仍然有足够的信心面对机遇和挑战：第一，作为中国浓香型白酒的“鼻祖”，公司拥有得天独厚、不可复制的酿酒环境和资源，产品质量具有较强竞争力；第二，公司两大核心品牌“国窖1573”、“泸州老窖特曲”在消费者中有较大影响力，高端新产品上市推广成功，产品策略得力；第三，公司拥有一个和谐共赢、年富力强的核心管理团队；第四，公司几年来不断地引进新鲜血液，完善人才引进和激励机制，在内部管理上苦练“内功”，为企业转型做了大量的准备工作，厚积薄发，未来可期。

公司坚定不移地推进国窖1573品牌提升，坚定不移地推进泸州老窖特曲价值回归，使国窖1573市场价格坚挺，牢牢占据了中国超高端白酒市场第一阵营。国窖1573战略升级产品“中国品味”成功上市，受到市场及高端消费者的青睐；“泸州老窖年份特曲”的推出是公司实现特曲价值回归的一个重大举措，既补位国窖1573等超高端白酒提价后的价格空间，又带动经典装特曲的价值回归，2010年起，特曲实现了价量齐升的喜人局面。

同时，公司进行营销布局改革，促进专业化、精细化：根据全国市场的地域差异性和销售形势，公司对多个省级市场进行重新划分，深度规划，重新布局全国市场，在重点市场实现精耕细作和渠道的扁平化运作；组建团购定制服务中心，为团购推广、定制营销及高端产品的推广奠定了基础；组建招商部，布局全国性“大招商，招大商”，引进优质客户资源；持续创新营销模式、拼搏创业，进一步加强12支狼性营销团队建设，互相给力，做好营销一盘棋，同时进一步引导经销商成立联盟公司，支持联盟公司优化管理与运营系统，使联盟公司在数量、规模和实力上得到更大发展；加快专卖店建设，2012年建成专卖店1000家，加强系统化VIP消费者关系管理，建立300人的国窖1573品牌顾问队伍，实现经销商队伍多元化和建立经销队伍竞争优化平台。

在产品体系、营销布局等优势资源积蓄的基础上，泸州老窖需要持续提升品牌高度，不断为品牌提供新的推动力，多点位、高标准、深层次地宣传白酒文化，而“嫦娥二号”卫星发射升空这一重大事件，为公司提供了机会。

第二节　精心规划，分享“中国荣耀”

一、合作伙伴，特色定位

探月工程是中国航天事业的战略工程，是继人造地球卫星、载人航天之后中国航天活动的第三个里程碑。“嫦娥二号”卫星发射升空，举世瞩目，这一重大事件以及与之相关的人、事、物必将成为整个社会在一段时间内关注的焦点。

今年来，中国航天事业一路高歌猛进，航天广告准许给中国商界带来了前所未有的传播机遇。凡是跟中国航天沾边的品牌，就很容易在消费者心目中占据“权威的”、“高端的”、“科技的”、“民族的”、“爱国的”等高端光环；在每天、每时、每分钟都充满着新创意的广告传播领域，相对于刚刚兴起的航天广告而言，传统广告（如电视、报纸、杂志、路牌、互联网等）都有可能成为“过去式”，商家需要有新的新闻事件来刺激目标受众的视、听、嗅觉；航天的创意空间无限，想象空间巨大。

目前我国航天广告搭乘费用通常都在数百万元，以其搭乘后的新闻影响力，与CCTV黄金时段广告标王或其他具有全国广泛影响力的大型公关活动费用相比，并不算多。国内外众多有眼光的企业家纷纷将产品和公司品牌跻身到“国产”航天广告领域，力求创造自己的传播新闻和营销奇迹，抢得本行业品牌营销头筹，如中石化长城润滑油、蒙牛牛奶、法派服装、创维手机等，并且取得了不俗的营销业绩。

在试水的先驱们获得不错的营销成果后，越来越多的企业开始热情拥抱航天营销。2007年中国航天基金网站公布了中国航天事业合作伙伴企业名录（截至2007年5月），共有18家企业已经成为中国航天事业合作伙伴，而2003年“神五”升空时，仅有蒙牛、农夫山泉、深圳飞亚达、香港查氏纺织、中国人寿5家赞助商；2005年“神六”的赞助商达到了13家，广东科龙、中石化等新加盟企业都希望复制前人的成功，纷纷加盟航天事业的合作。

据了解，中国航天事业冠名商分“合作伙伴”、“赞助商”、“特许企业”三类，中国航天基金会一般在一个行业或领域，只授权一个冠名商，中国航天基金会向国家工商总局申请的冠名权高达15大类174个品种！有专业人士分析：第一次吃螃蟹才会有聚焦的效应，第二、第三次就不足为奇了，而公众们的消费也日趋成熟，没有系统的统筹策划而仅仅参与航天营销是远远不够的。

自2009年开始，泸州老窖持续绑定国家大事件，以“和祖国在一起”为传播理念，强化“泸州老窖　中国荣耀”的品牌口号。经过各方面评估，泸州老窖凭借品牌实力以及企业公信力一举成为中国探月工程战略合作伙伴，在众多竞争者中率先取得先发优势，那么，泸州老窖如何借势，深化“和祖国在一起”的品牌形象呢？

同时，世界目光聚焦的荣耀时刻已经为企业推广和品牌塑造搭建了一个理想平台，各个企业都在为此摩拳擦掌。以同行企业为例，郎酒斥资拿下“嫦娥二号”发射现场报道新闻前的广告合作机会，燕京啤酒开展“登月我鲜行”开盖中奖促销活动，并发出观看“嫦娥二号”卫星升空现场报道的征集函，意在引起大范围品牌关注，泸州老窖又在其中如何凸显，形成差异化定位呢？

经过仔细策划，泸州老窖发起了“全球航天英雄评选，巨擘云集共贺中国荣耀”的系列营销活动，即泸州老窖以中国探月工程战略合作伙伴身份发起“航天英雄评选”活动，在全国乃至全球掀起了一场航天英雄的评选，向世界航天业先辈致敬，庆贺中国航天业迅猛发展，祝福“嫦娥二号”卫星顺利发射升空。评选的主题定位为——“世界航天·中国荣耀”，这一主题不仅寄托着一种企业使命感和社会责任，而且更持续深化了泸州老窖“和祖国在一起”的理念。

二、步步为营，层层推进

“全球航天英雄评选，巨擘云集共贺中国荣耀”的系列营销活动，集中在2010年9月到10月举行。泸州老窖创造性地整合探月与航天工程中心、中国光华科技基金会和美国Porter Novelli公关咨询公司三方面的优势资源，成功邀请到中国航天领域知名专家、各级党政军领导、红二代群体以及与阿姆斯特朗同行的首批登月人巴斯·奥尔德里，他们的出席大大提升了活动的影响力和泸州老窖的品牌高度，让探月真正成为聚焦中国的全球盛事。在积极沟通下，泸州老窖集团董事长谢明受邀亲临西昌卫星发射现场，见证了“嫦娥二号”的成功升空。

同时，泸州老窖开发了代表中国荣耀、和探月相关的一系列产品，作为中国探月工程的庆功酒，其积极将中国航天精神融入到企业文化中去，成功将国家荣耀、品牌内涵和新品发布融为一体。

1. 新闻发布会

2010年9月29日，“世界航天·中国荣耀”——全球航天英雄评选新闻发布会暨泸州老窖年份特曲上市发布会在北京隆重召开，拉开了此次事件营销活动的大幕。

本次活动由中国探月工程战略合作伙伴泸州老窖集团主办，中国光华科技基金会提供公益支持，嫦娥奔月航天科技（北京）有限责任公司（探月与航天工程中心、国家国防科技工业局协作配套中心、国家国防科技工业局新闻宣传中心）全程参与指导。

发布会上，泸州老窖宣布成为探月工程的战略合作伙伴，这次由其主办的评选活动将以网络投票的方式，从包括尤里·阿列克谢耶维奇·加加林、杨利伟、翟志刚、孙家栋等诸多世界航天人中评出10位最具影响力的英雄航天人。在历时20天的评选中，收到网络投票300多万张，网民们积极地给自己心目中的航天英雄投票，参与热情极高。

2. 揭晓仪式

“嫦娥二号”发射成功后，10月19日，“世界航天·中国荣耀”——全球航天英雄评选揭晓仪式暨国窖1573·中国品味上市发布会在北京钓鱼台国宾馆举行，由中国网民参与评选的“世界航天·中国荣耀全球航天英雄”评选结果在当天揭晓。难能可贵的是，首批登上月球的美国宇航员巴斯·奥尔德里亲临现场，与数十位中国航天领域的知名专家共同见证了荣耀时刻，将活动的规格再度提升。

最终获得“十大英雄航天人”称号的有：阿姆斯特朗、加加林、巴兹·奥尔德林、捷列什科娃、焦立中、科罗廖夫、钱学森、杨利伟、孙家栋、栾恩杰。应网民要求，为表达广大网友对中国航天事业奠基先驱的敬意，钱学森、任新民、屠守锷、黄纬禄、梁守槃五位院士获得终身成就奖，高铭与欧阳自远则摘得最受网民关注奖。

评选活动歌颂了世界航天人为人类航天事业作出的卓越贡献，表彰世界航天人不断求索、运筹帷幄的精英气魄，线上让航天科研真正走向民间，拓宽受众渠道，线下将新品上市与活动启动揭晓巧妙结合，实现了社会公益、科学普及和商业推广的完美结合。

3. 首推年份酒

泸州老窖通过层层筛选，最终从众多竞争者中脱颖而出，与中国探月工程结为"连理"，成为其唯一指定用酒，借助"嫦娥二号"升空和航天英雄评选的巨大聚焦效应，泸州老窖第一款年份酒也正式面世。

泸州老窖隆重推出的首款年份酒是"泸州老窖年份特曲"。该酒秉承泸州老窖"窖香浓郁、陈香优雅"的经典品质，同时兼具"绵柔、净爽"风格，其特性主要在于发酵的窖龄长，全部采用封坛洞藏9年以上的基酒，是真正的"老窖"。52度每瓶价格为698元。

该酒的推出是泸州老窖品牌复兴战略的重要一步，其价格低于国窖1573，将适合更广泛的消费人群。该酒在泸州老窖荣获1915年巴拿马太平洋世界博览会金奖95周年之际推出，还被称为"纪念酒"、"金奖酒"。这款年份特曲定位于中高端白酒市场，目标是打造成为中国商务用酒第一品牌，这也是泸州老窖集团实施"双品牌战略"的重要举措。

要成为中国探月工程的战略合作伙伴和唯一指定用酒，泸州老窖不仅付出了数千万元的赞助费，并配合此次赞助举办"全球航天员评选"等一系列活动，而且为了将自己的品牌和中国的国家工程结合在一起，泸州老窖的产品设计人员还为上市的新酒专门研发了火箭造型的瓶外包装设计。

"我们开发了一款火箭型的外包装，就是把'嫦娥二号'送上太空那个火箭形状。现在我们正在做设计，设计稿已经基本上完成，正在考虑它的制作，还有就是后期的工艺上的一些细节正在讨论，争取在2010年之内产品能够上市。"2010年，泸州老窖产品研发中心副主任冯剑接受《经济半小时》采访时说。

三、五大策略，整合营销

泸州老窖此次借势"嫦娥二号"焦点事件的意义不言而喻，探月赞助合作为泸州老窖提供了一个面向全国消费者，提升品牌知名度和高度的机会。

无论是泸州老窖还是国窖1573，过往，泸州老窖的品牌优势在于拥有独特的物质文化遗产“国宝窖池群”和非物质文化遗产“传统酿酒技艺”。当品牌与国家和民族紧密联系起来后，只“传承”历史文化是不够的，还需要赋予其新时代的特征和表现力，而航天是一个国家科技实力最有力的体现。以“中国荣耀”为整个品牌推广活动的“灵魂”，将国家和民族作为泸州老窖和航天事件最强有力的纽带，这是该案例成功的前提所在，但同时，整个品牌活动运营过程，采用了多种策略组合，巧借各方面的资源，使得活动形成了品牌传播的高度和声势，成功传播覆盖不同层面的受众，为同类型事件营销活动提供参考。

1. 策略一：借助特殊身份，搭建权威公益平台

嫦娥奔月航天科技（北京）有限责任公司作为“全球航天英雄评选，巨擘云集共贺中国荣耀”活动的指导单位，使活动规格得到了高度上、层次上的提升，活动性质更权威化。而中国光华科技基金会作为中国国内屈指可数的科技领域公益组织，同时又是国防科工局三中心与嫦娥公司共同认可的“中国探月工程（嫦娥工程）”公益合作与市场开发的唯一执行机构，担任了此次项目活动的公益支持单位，该项目的公益化身份不言而喻。

组织架构的沟通和确立，不仅从活动性质上建立起了此次评选的权威性和公益性，有效地规避了社会公众对企业行为的负面印象，使他们通过中国航空航天事业这一国家大事的情感纽带而对项目产生感性的心理倾向与认可；而且同时也在中国航天专业领域、媒体传播等方面的资源调用上提供了必不可少的沟通渠道，使项目影响力深入到航天领域内部，提高了项目的规格，为整个项目的顺利推进提供了保障。

2. 策略二：登月宇航员出席，国际影响力凸显

协调邀请国际知名的航天英雄参与活动，为与此次“嫦娥二号”探月卫星发射紧密关联，将目标主要锁定为曾经登上过月球的宇航员，最终确定为执行过美国“阿波罗11号”飞船登月任务、历史上第二位登上月球的美国宇航员巴兹·奥尔德林，其在“世界航天·中国荣耀”——全球航天英雄评选揭晓仪式上亮相，不仅有效地提升了此次活动的影响力，而且更将成为全场独具特色、备受关注的一大亮点。

3. 策略三：国内重要嘉宾支持，提升活动量级

为了充分体现项目的高规格、扩大项目的影响力，通过中国光华科技基金会的协助，还邀请了中国航天领域知名专家及相关国家机关单位领导出席。他们的出席和支持进一步凸显出泸州老窖与高端人士、英雄人物和国家大事的紧密连接，深化了泸州老窖与中国荣耀的品牌关联。对于泸州老窖在政府市场上的品牌推广和口碑

传播也产生了一定的推动作用。

4. 策略四：借势活动启动新品发布，夺人眼球

借助此项目推出企业的新策略或新产品，可将新品上市发布会与评选启动和揭晓的落地活动巧妙结合，自然传递企业品牌信息，开拓企业推广的传播模式和战略思路，对品牌塑造进行大胆的尝试与创新。

5. 策略五：媒体分级，传播矩阵制造舆论热潮

传播策略围绕“世界航天·中国荣耀”——全球航天英雄评选新闻发布会暨泸州老窖年份特曲上市发布会和“世界航天·中国荣耀”——全球航天英雄评选揭晓仪式暨国窖1573·中国品味上市发布会两个突出事件展开，除了横向扩大媒体范围之外，泸州老窖公司特别采取媒体分级策略，将媒体进行分类，一横一纵形成矩阵式媒体传播。平面、网络、电视、电波等不同类型媒体广泛铺开，全面报道，制造舆论的热潮；战略媒体、高端媒体与主流媒体形成传播金字塔，抢占舆论制高点，引导意见领袖，层层递进，战略媒体和高端合作媒体聚合凝聚核心推动力，形成品牌传播的高度和声势；有层次、全方位、立体式的传播覆盖不同层面的受众，最大限度地影响泸州老窖目标客户，有效地提升泸州老窖品牌及产品的知名度与美誉度。

第三节　承前启后，继续“中国荣耀”

一、整合传播，助推业绩

2010年9月29日至10月19日，在历时20天的航天英雄评选过程中，收获网友有效投票2465423票，总浏览量达2742056次。

在公关传播方面，全球航天英雄评选两次落地活动，累计到场记者达131人次，平面媒体累计刊发新闻134篇；网络媒体原发及转载新闻累计276次，共刊发字数达564123字；电视媒体方面，累计播出电视新闻12条，总计创造广告价值逾270万元，大大提高了泸州老窖的品牌知名度及产品美誉度，其宣传效果远远超出预期。在整个项目传播过程中，包括中央电视台、新华通讯社、《南都周刊》、《南方人物周

刊》、《新民周刊》等重量级的战略合作媒体的重要报道以其特有的权威性与影响力极大地提高了泸州老窖的品牌关注度和美誉度，引起了社会的巨大反响。

中央电视台财经频道、国际频道及新闻频道3个频道给予了极大的支持，在《新闻直播间》、《中国新闻》、《财经环球连线》及《焦点新闻播报》等金牌栏目共计播出6条新闻报道。

同时，BBS社区营销项目持续一个月左右，点击过万主题帖高达11篇，近30篇帖子被加精、高亮、置顶，总计点击量达401583次，回复量逾2600次。微博传播方面，通过微博红人发布信息1034条，传播的相关信息总计被转发近6000次，总计参与评论达6617人，累计影响人群超过10万人次，泸州老窖等关键字的曝光次数超过1000万，反响空前热烈。

2010年，以“世界航天·中国荣耀”——全球航天英雄评选揭晓仪式暨国窖1573·中国品味上市发布会活动为代表的系列公关策划及事件营销活动，通过多点位、高标准的宣传，大力推动了泸州老窖的品牌提升和文化传播。在2011年《福布斯》和Interbrand集团共同发布的“中国品牌价值排行榜”上，泸州老窖跃居第16位，成为中国白酒行业最具价值品牌之一。

品牌高度的提升，进一步促进了核心竞争力，助推了公司业绩的增长。2010年，泸州老窖公司实现销售收入53.71亿元，同比增长22.89%，圆满完成了年初董事会提出的实现含税销售收入58亿元的目标；实现利润总额29.19亿元，同比增长35.65%；实现归属上市公司所有者的净利润220524.40万元，同比增长31.79%。

2010年是泸州老窖“改革创新，转型发展”的开创年，与航天事业紧密相连的自豪以及开局之年的良好业绩，大大鼓舞了公司全体员工以“敬人敬业，创新卓越”的企业精神投身到泸州老窖超常规拼搏型第三次创业中。

二、继往开来，走向复兴

2010年10月1日发射成功后，“嫦娥二号”的关注度开始慢慢下降，泸州老窖并没有因为“嫦娥二号”而销量猛增。泸州老窖集团董事长谢明特别指出：同赞助世博会和奥运会不一样，嫦娥工程是个连续工程，泸州老窖一次性签了8年的合作，就是看好今后“嫦娥三号”、“嫦娥四号”、月球车着陆甚至中国人登上月球等关注点更高的事件来临；而在“嫦娥三号”发射的时候，泸州老窖甚至会把酒带上月球。这些历史性实践，毫无疑问将会对泸州老窖的品牌产生明显推动的作用。

“嫦娥二号”的发射成功固然是一个重大实践，但毕竟只是探月工程的一个阶段，其整个完整阶段的时间比较长，中国的普罗大众将会长期关注，泸州老窖选择长期合作，一次性签了8年的合作协议，是由于赞助协议具有排他性，未来可以防止竞争对手捷足先登。

未来，随着中国航天事业一路凯歌，泸州老窖的品牌价值必然会相伴成长，从这个意义上说，“全球航天英雄评选”只是揭开了泸州老窖航天营销的序幕。“我们关注每一个细节阶段性的发展，但是我们更关注泸州老窖的品牌，能否成为持续成长的品牌，走出国门，走向世界，更关注泸州老窖在消费者心目中间，是不是不断良好地传播，尤其是口碑传播。”泸州老窖集团董事长谢明表示。

在与中国探月工程的后续合作计划方面，泸州老窖股份有限公司副总经理孙跃表示，泸州老窖将开发代表“中国荣耀”和探月相关的一系列产品，为中国探月工程打造“庆功酒”；同时，泸州老窖在整个企业文化传播过程当中，将会把中国航天人的精神融入到企业文化当中去，作用于品牌塑造和传播的过程。

事实上，除了“全球航天英雄评选”活动本身，泸州老窖后续还与探月中心一起做了一系列活动，其中包括：评选活动之后的颁奖盛典及线下的营销活动；和湖南卫视《天天向上》栏目筹备合作，将全球航天英雄聚在一起见证“中国荣耀”；推动青少年航天科技知识的普及……泸州老窖希望能够通过自身企业的行为来影响全国的企业，带动全国人民关心中国航天事业，支持探月工程。

当然，任何前台的营销活动，最终都脱离不开企业“后台”系统的支持，泸州老窖不但在事件营销上大胆跨界，而且还决定走出泸州甚至四川，“跨界”全国，以支撑泸州老窖品牌在全国的推广和提升。相比借势探月工程，“走出去”或许才是泸州老窖里程碑式的决策。

目前，泸州老窖“走出去”的布局正在实施中：成都的新办公大楼即将落成，估计会在2012年年底迁入；品牌部门已经完全搬入北京，开始了运营工作；上海和香港基地仍然在筹备中，泸州老窖方面表示：让每个职能部门更靠近专业人才最聚集、资源最丰富、信息最便捷的城市，把自己的职能和市场做无缝连接。

所有的举措，最终指向的目标都是一致的，即实现泸州老窖的“品牌复兴”，而泸州老窖的员工与中国航天人的道路虽然不尽相同，但追求的终点也是一致的，那就是“中国荣耀”。

【专家点评】

黄合水（厦门大学新闻传播学院副院长、教授、博导）

世界航天，中国荣耀
——中国探月工程战略合作伙伴泸州老窖事件营销

白酒品牌的成长、成熟，与中国传统的酒（旧）文化密不可分。所以一说到白酒，就会想到传统；一旦要进行白酒品牌的形象塑造，就难免要与传统（或旧）的东西联系起来。

白酒是传统的，但白酒的生产和酿造技术、白酒生产和营销管理，不应该仅仅是传统的或旧的，在不改变白酒核心竞争力的前提下，白酒也应该融入现代的、高科技的要素。

因此，泸州老窖与航天科技、嫦娥探月工程连接起来，无疑是大胆而值得的尝试。我们相信，这有助于塑造泸州老窖更新品牌形象，也有助于泸州老窖对技术更新的重视。这样，一旦有更高的科学技术运用到酒的酿造过程中，酿造出来的美酒就应该会更加纯美、更加香浓。

在我国品牌营销传播中，短线操作者大量存在，放眼未来者凤毛麟角，然而品牌形象的塑造不是一蹴而就的，必须有足够的耐心和持久一致的投入，才能让消费者有时间来充分地消化、理解和接受。泸州老窖与中国探月工程的战略合作不是一次性或冲动性的行为，而是一个时间跨度长、有周密准备和计划的合作，这在急功近利的当今社会和市场现实中，是值得尊敬和学习的。

Power Dekor

圣象 用爱承载

在经历激烈的市场竞争后，服务所表现出的价值已不仅影响产品本身，而且在战略的层面上，直接作用于企业和顾客间全新关系的构建。

在圣象地板执行总裁郭辉看来，轻视服务带来的是对品牌长远的损害，进一步说，企业关心的不仅是产品的成功售出，而且更应注重的是消费者在产品使用全过程中的感受。服务型企业不能被动地等待客户提出要求，而应主动地根据用户的需求牵引内部流程，解决问题。

『地板的服务时代已经来临，它是品牌增值不可或缺的动力。』郭辉说道，『客户满意度既是公司利润波动的重要信号，也是圣象在新的市场形势下竞争优势的新要素。』

圣象：地板管家

在经历激烈的市场竞争后，服务所表现出的价值已不仅影响产品本身，而且在战略的层面上，直接作用于企业和顾客间全新关系的构建。这种关系决定了客户价值能否真正体现，而非仅仅停留在产品价值的层面。

这一点对国内当下地板行业尤为重要。身处品牌迭出的“战国时代”，地板业一定程度上沦为一个靠炒作概念、玩营销手段的行业。口号的同质化与恶性的价格战，让国内的地板市场始终处于混乱割据的状态，在热闹与喧嚣背后，似乎并没有哪个响亮的名字被大众所牢记。大部分地板厂家“重营销而轻服务”，在所有关于地板的投诉案例中，服务问题高居榜首，其中，40%的木地板投诉由铺设施工水平低所致。

在圣象地板执行总裁郭辉看来，轻视服务带来的是对品牌长远的损害，进一步说，企业关心的不仅是产品的成功售出，而且更应注重的是消费者在产品使用全过程中的感受。服务型企业不能被动地等待客户提出要求，而应主动地根据用户的需求牵引内部流程，解决问题。

“地板的服务时代已经来临，它是品牌增值不可或缺的动力。”郭辉说道，“客户满意度既是公司利润波动的重要信号，也是圣象在新的市场形势下竞争优势的新要素。”

第一节　国际化之辩

一、构建“三驾马车”

从根本上说，任何一个行业，在真正的“蓝海”出现之前，都将经历“无序竞争—行业洗牌—有序格局”的发展历程，而洗牌的过程则一般以惨烈的价格血拼为主。以家电行业为例，企业在“产品降价—利润摊薄—规模扩张—产能过剩—风险加大”这一恶性怪圈中不断轮回，而这几乎成为相关生产型企业的宿命。

这一现象在地板行业也正重复上演。近10年来，从手工作坊起家，国内的地板厂商如今正处于一个品牌迭出的“战国时代”。不难发现，同质化的地板品牌往往采用相似的方法进行营销，“请明星代言”成了地板行业推广的一大特色。然而，在热闹和喧嚣背后，似乎并没有哪个响亮的名字被大众所熟记。

2008年，内忧外患使得地板行业的前景愈发扑朔迷离：房地产市场的萧条导致销量锐减，加上国内地板行业品牌纷杂，同质化现象严重，竞争日趋激烈。发生在家电行业的“价格血拼”会否在地板行业重演？木地板行业的发展能否跳出恶性洗牌怪圈？突破的途径又在哪里？

对于这一连串的棘手问题，圣象开出的药方是：国际化。翻开圣象的“国际化路线图”，时间其实可以追溯到1995年，圣象成立之初。

1995年，一支成员大多来自家用电器、消费电子和快速消费品行业的管理团队，决定进入当时市场成熟度尚处于史前时代的地板行业。在进入时机的选择上，这无疑是一个颇有远见的决定，但是令很多人无法理解的是，这支地板业新军所选择的运营模式：反向OEM。

这种新模式是与OEM模式截然相反的做法，是由这家公司向当时地板制造比较成熟的欧洲工厂下订单，由对方提供产品，然后运到中国，贴上它自己注册的中国品牌“圣象”，在市场上销售。

要知道，20世纪90年代，中国正凭借着人力和资源的低价格成为全世界的制造工厂，其中，OEM模式将欧美企业成熟的技术和品牌优势，以及中国无与伦比的低成本制造能力结合在一起，显示出了巨大的优势。于是，众多中国制造企业成为欧美企业的“车间”，制造规模往往以每年两位数的速度增长。

是立足于成本优势，专注制造环节，成为全球供应链网络中的一环，还是立足于不成熟的中国市场，“从零开始”建造一家诸般能力都齐备的企业？这是当时摆在很多企业面前的一个选择题。

在这个问题上，圣象选择了后者。

尽管地板行业在欧洲存在一个产能相当大的群体，设备先进程度、质量远远好于中国，但企业规模做得再大，没有赢利支撑是做不久的。在管理团队的观念里，OEM的微薄利润不可能让一家公司为将来的发展提供足够投入，企业始终无法获得健全的成长，充其量只是“外强中干”。即便在公司发展的初期，圣象也从来不甘屈于人后，仅在全球化分工中捞一个“加工厂”的小角色。

拒绝诱惑，不仅因为目光锐利，而且更是因为志存高远。圣象的目标是，在加入全球竞争之前，首先要做好一家“中国公司”，为本土市场提供优良的产品，建立扎实稳固的竞争优势，拥有良好的运营管理能力。

不过，这并不意味着圣象要“躲进小楼成一统”，拒绝与全球市场和供应链合作。在欧洲OEM的圣象可能是当时与欧美地板行业接触最为频繁的中国公司，但是合作的首要目的并不在于如何为全球化所用，而是寻求如何让全球化为“我”所用。无论产品的选择、运营模式还是品牌的打造，圣象都紧紧围绕着中国本土市场而进行了长远的设计。

中国此前大多数地板工厂都是森工企业，本地运营，将林木板材切割刷漆就好，由于要看资源吃饭，无法大规模工业化生产，根本谈不上品牌。圣象引入的强化木地板，在欧洲已经有了数十年的历史，由于使用的主要是速生林材，而非需要漫长生长周期的硬木，制造工艺中也不需要像实木地板那样大量使用手工，是当时全球市场上最适合稳定、大规模工业制造的品类，一个工厂一年可以生产一两千万平方米的产品。要知道，实木和复合地板都无法实现这样的速度，强化木地板对于人口多、需求量大，同时资源缺乏的中国是非常适合的产品。

当时，有能力制造品质可靠的强化木地板的工厂几乎都在欧美国家。圣象于是选择了逆向OEM一途。

在强化木地板取得巨大成功的同时，圣象意识到，仅仅依靠这一单一品类并不足以支撑未来的发展。三层实木地板在欧洲市场的占有率比较高，但在中国由于资源限制等因素份额较低，三层实木地板或许能成为满足国内中高端人群需求的新的增长点。

于是在2005年3月，圣象与有着150年历史的国际三层实木复合地板制造商瑞典康树集团，举行了隆重的战略合作签约仪式。圣象集团在品牌、产品、市场、资源与供应链共五个关键环节与康树公司展开合作。公司由此全面进军中国三层实木地板市场。

到了2007年12月，圣象又与美国安德森公司展开了合作，后者在高端多层实木复合地板领域有着世界领先的技术与制造能力。强强联手，也宣告了圣象形成了强化木地板、三层实木地板和多层实木复合地板“三驾马车”并驾齐驱的产品格局。

二、逆势扩张

除了专心致志地经营这个本土市场上的本土品牌，在品牌背后，公众的视野之外，圣象始终不间断地进行变革，其组织结构、业务模式乃至公司治理结构都与西方同行越来越相似。

作为产业链战略的第一步，圣象在1999年前后开始着手建造自己的工厂与生产线，培养自己的技术工人。公司之所以这么做，首先是希望将占据成本七成的板材成本降下来，并逐渐拥有自己的研发制造能力。为了比照国际水准兴建生产线，圣象在第一个工厂就投入了1亿元人民币，比当时的“行价”高三倍。此后，圣象和其母公司大亚科技陆续建造了十几家基材厂和板材厂，其所拥有的产能不仅在国内是最大的，而且在全球也位列前十。

圣象的下一步是建立起自己的生产基地——速生林，以确保上游资源的稳定供应。2000年后，欧元的升值使得从欧洲进口地板的成本突然上涨了70%，许多从欧洲采购地板的企业在这场风暴中倒下。然而，圣象却凭借这个机会，建立起强大的资源和成本优势，使其相比竞争对手有着更高的利润率。

毕竟，地板行业一直以来都是一个带有强烈资源型色彩的行业，因此，西方有实力的企业大都拥有自己的工厂、研发中心和全球产业链。全球产业链是最宝贵的资产，尤其对于包括复合木地板在内的实木类产品，其表面使用的硬木都是百年才可再生的树种，企业是否能保持稳定、长久的发展，对这些资源的掌握非常重要。

除此之外，圣象需要有足够的耐心。因为学习做地板更像是学习做中餐，买到设备只是掌握了两三成的技术，更多的知识无法照本宣科，只能采用“师傅带徒弟”的模式，在实践中慢慢意会揣摩。与康树和安德森结为合作伙伴后，圣象并不需要这两家海外企业做任何的财务投资，只需要它们投入技术和管理系统以及全球供应链即可。

于是，合作伙伴开始派驻专家长期驻厂，传授手工技术与木材处理中的复杂技巧。由于中国和北欧的环境差异相当大，很多树种都在中国当地采购，水分密度十分独特，这也促进了双方共同学习、研究摸索。

无论是与康树还是安德森的战略合作，圣象考虑的绝不仅仅局限于产品与技术的引进搬抄，而着重学习借鉴对方的思维及经营理念，并将其与国内木地板业融合与对接。要知道，欧美公司对于分散在各地的资源的价格变动、质地变化等有一套复杂的分析系统，能够就包括国际金融、贷款利率、各国政策、天气等变量进行监控分析。这一管理体系得益于欧美企业对行业的深入理解及上百年的历史积淀，换言之，圣象通过合作伙伴得到的并不只是便捷的原料采购，更重要的是学习全球市场的真正含义，对全球资源的走向能有正确的把控。

但谁也没想到的是，整个行业的“寒冬”在2007年不期而至，一方面，出口代工企业原本所向披靡的低价优势正在消失；另一方面，中国房地产行业的销售萎缩也波及了地板行业，此前被兴旺的市场不分优劣地滋养着的数千家品牌企业和数不胜数的无牌小厂，正在遭遇一次行业洗牌。这时，已经做了大量储备的圣象选择“放手一搏”，开始了真正的国际化征途。

于是在2008年，圣象在美国房地产十年最低谷时“进场抄底”，宣布与美国地板贸易公司Home Legend和韩国销售公司Welliam签订并购协议，以股权收购的方式取得对合作方的控制权。借助Home Legend和Welliam的渠道，圣象得以实现在美国与韩国的销售网络布点，为今后在当地直接销售产品铺平道路。在此基础上，公司还获得了俄罗斯、南美、欧洲等地的森林基地，率先打造起全球的货源供应链。

圣象很快便看到了成效：公司每年能实现上千万平方米的销售量；此外，通过与康树、安德森定期召开高层会议，委派技术、品牌相关人员到国外参观学习，圣象同时具备了中国、美国、欧洲最优秀的经营理念，这极大地增强了公司国际化运营能力，成为圣象构建“国际化路线图”的导向基调；在出口时，同行一平方米只能卖到3美元，圣象却能通过技术、设计和品牌的综合作用将主流产品的价格维持在数百元人民币，高端产品甚至达到2000元的价位。进一步说，即便在全球市场，圣象也瞄准了设计公司、设计师等高端目标人群。在品牌运作上，公司甚至让康树、安德森等欧美顶级地板品牌以联合品牌和附属品牌的方式归属于圣象旗下，形成以圣象为核心的品牌漩涡。

在此基础上，圣象在国内市场上磨炼出的销售网络和安装服务等能力，在欧美市场反而成了一大特色。尽管公司需要针对劳动力成本进行调整，但是其所提供的周边服务依然颇有吸引力。

第二节　打造品牌心智

一、地板管家

究竟该如何建造一个强大的地板品牌？

关于这个问题，圣象在欧美的盟友和老师都无法提供答案。在人们的印象中，国内的地板业是一个靠炒作概念、玩营销手段的行业。

这是因为，地板本身是一个低关注度的行业。用郭辉的话说："只有当人们需要装修的时候，地板才会进入人们的视野之内。而一个人平均一生才会买三四次地板。"

人们购买的低频率，一定程度上让企业变得"急功近利"。从这个角度看，也就不难理解为何众多地板企业争相请明星代言造势了。

不可否认，这些营销手段给地板业带来了发展契机，品牌意识强烈的企业借此做大做强；但随之而来的副作用是，大多数公司重营销而轻服务，从而忽略了消费者购买地板最深层的动机：对家的美好的愿望和对美好家居体验的向往。

在圣象地板执行总裁郭辉看来，作为一个传统行业，地板企业的门槛相对较低，这造成了行业极度分散的特点。"从销售额来讲，2010年地板市场的容量大约在600亿元，但里面大大小小的企业不低于5000家。"这么多企业扎堆，在产品严重同质化的今天，"营销难"似乎成了不争的事实。

眼下，除了混乱的建材超市，国内的地板企业几乎没有别的销售渠道。中国高速发展的房地产业源源不断地将大量未经装潢的毛坯房送到毫无装修经验的消费者手中，逼迫消费者不得不在三个月内速成为一个油漆、石灰和地板的专家。这种压力传递到地板企业头上，它们不得不研究如何在20分钟之内把消费者培养成精通地板知识的专家。

就是在这样一个市场里，圣象要将每平方米300—500元的强化木地板产品销售出去。于是，公司开始到其他行业寻找老师，由于很多高管都来自消费品和电器行业，圣象决定将地板当成"科勒龙头"一样来卖。此后，遵循着耐用消费品的销售模式，圣象在国内创建了一套全新的营销模式。

首先，圣象品牌被明确定位为消费品牌，在全国的电视媒体上推出以家庭用户为目标的广告，并且大量借鉴家电产业的营销方法，不断推出促销活动。

接下来，圣象选择在全国自建销售网络。尽管这一方法随着国美和苏宁的出现在家电行业早已落伍，但是在家电业发展的初期，却曾对行业的第一波快速发展起到至关重要的作用。圣象将其引入地板业，一开始便建立了数百家分布于全国各地的专卖店。店里只销售圣象的地板，设置了统一设置的展厅，销售人员可以对前来咨询的顾客解答关于地板和装修的各种知识。如今，圣象的几千家专卖店还承担着90%的销售额任务。

专卖店网络为圣象带来丰沛的客流，不久之后，公司意识到安装环节的不可靠也会影响地板的口碑，于是紧接着建立了自身的安装部门，将业务从生产、销售延伸到服务环节。

事实上，在所有的地板投诉案例中，服务问题高居榜首。据木地板行业协会的调查显示，木地板投诉纠纷的原因，40%以上是铺设施工水平所致。这意味着，在光鲜的表面下，国内木地板业的经营层次和附加值依旧很低——这几乎成了行业的通病。

“品牌只是企业的一个符号，要让消费者记住品牌，最核心的部分仍然是产品的品质和后续服务。”郭辉指出，“如果没有好的服务作为支撑，光是关注外部的传播，是走不远的。”在他看来，由于越来越多的人在选择地板时趋于科学理性，因此“以消费者为中心”、提供给用户满意的服务就成了地板企业营销推广的重点。

于是，圣象开始一步步地完善自身的服务体系。公司谋划着推出了“圣象地板管家”的服务品牌，并成立了名为“圣象家园”的客户俱乐部。在此基础上，公司开通了24小时服务热线，并在全国设立了5000个服务站。在圣象的2万多名员工中，有几乎一半的员工是安装工人。

郭辉坦言，搭建如此规模的服务体系“其实是一种高成本的运作方式”，维修点的日常管理费用很高，但考虑到品牌的美誉度，这样的投资十分值得。毕竟，地板不同于快销品，品牌建设需要长期投入，郭辉希望售后服务体系的良好运转能带来强大的口碑效应，从而影响消费者及其亲友的下一次购买。

二、地板“低碳经济”

在此基础上，圣象亦十分注重在“绿色、环保”领域的品牌传播。调查显示，有超过五成的消费者选择家具产品时将环保放在首位。作为木材生产企业，圣象面临的挑战是，如何在地板产量与生态友好间取得平衡？在世界大呼低碳经济的今天，如何打造一条真正的绿色、低碳的产业链？

从世代生活在江苏丹阳近郊的农民刘平身上，我们可以看到圣象在绿色供应链上所做的尝试。

从2004年起，刘平和村民们开始种植人工林。他从来没想到，祖祖辈辈居住的一片滩涂地如今能够变成树林。刘平的林场也是圣象的自家林场，村民们种植的杨树则是圣象地板的原料来源。圣象的绿色供应链也就从这里开始。

对圣象来说，面对国内稀缺的森林资源和不断上涨的消费者需求，公司需要思考的是如何保证木材的供应，又不破坏林业资源。刘平称：“一片已经成熟的5年期的人工速生林，我们往往只砍伐其中的20%作为原材，并在砍伐之后重新种植新苗，第二年再伐另外的20%。”

事实上，速生林的用地都是山坡和滩涂，种植速生林后环境会得到很大的改善，森林覆盖率大大提升。速生林一般是5至6年一个轮伐周期，人造板材企业大量收购速生林木材，也让刘平这样的林农有了较为可观的经济收益，从而愿意参与到速生林的种植之中。

据悉，一立方米生长期在20年以上的自然森林木材仅可生产20平方米实木地板，而一立方米10年以下的人工速生林木材可以生产多达80平方米的强化木地板。如今，圣象在国内的人工速生林规模已达150万亩，在中国北方大部分以杨树为主，而南方则以桉树为主，这种速生林的生长速度相对较快，5年左右即可成材使用。此外，公司在俄罗斯、非洲还合作拥有大片原始森林资源。“地板行业还属于传统的资源型行业，从公司成立至今，我们一直在研究如何保证资源的合理利用以及保证其可持续性。”郭辉表示。

尽管速生林的成长周期较快，但圣象一直以来致力于将木材资源进行最大化的循环。比如，公司安排了专门人员指导林农们进行科学种植，防止他们为了短期经济效益，在速生林生长期完成后就进行一次性砍伐。

面对日渐紧缺的木材资源，仅靠单一发展人工速生林并不能完全解决资源紧缺的问题。速生林仅仅用于人造板材生产，而消费者对于实木类产品的需求也相当旺盛，这部分资源的生长周期比速生林长几倍。这成了摆在圣象集团面前的一大难题。“中国这部分资源相当有限，现在海南已经没有了这类原林资源，仅东北地区还有一些，但是国家早在1998年就禁止砍伐天然林。”

对此，圣象开始向资源供应相对充裕的地区采购原木，这些地区包括俄罗斯、非洲、北美等。“我们是国际环保组织的成员，在向全球资源采购时，我们一直坚持采购资源的合法性，保证绿色产业链。”郭辉说道。做法之一就是坚持采购带有FSC（森林管理委员会）认证标志的木制产品，以避免买到来源于濒危树种或非法砍伐的产品。

然而，想真正让中国消费者树立绿色、低碳的消费观并非一朝一夕之事，而木材资源从全球来看会越来越紧缺，价格会一直飙升。于是，积极寻找木材的可替代资源开发新产品成了圣象这些年的工作重点，竹产品正是替代资源之一。毕竟，竹与木都是天然材料，而竹子也是消费者非常喜爱的家居装饰材料之一。

值得一提的是，解决了原材料问题后，绿色的产品生产过程可能并不绿色，工业废水排向哪里？生产过程中工人的环境保障如何？圣象又如何做到生产环节零排放呢？

在郭辉眼里，真正的绿色、低碳并不是通过碳交易多种了几棵树这么简单，要保证生产环节的低碳，生产效率必须是高的，排放是低的，这样消费的能源低才是真正意义的低碳。

在圣象，从林场砍伐的原木被运到丹阳的工厂后，需要经过冲洗、去皮、碾碎、消毒、干燥等多个工序，之后原木便被加工成木屑，并通过长长的输送管运进密度板生产车间。在这里将其压合成高密度板后，进入地板生产线进行一层层的“贴皮”，一块块强化木地板便生产出来了。浸渍、压制、切割、木板成形、包装等全过程，整条全自动生产线并不需要太多的工人值守，机器几乎能独立完成一切。

“以往的质检一般采取人工抽测，并不是100%检测，难免会出现误差。而我们在生产的最后一环由系统对每一块产品进行检测，是产品全项目全覆盖的全部检测，不合标准的产品会在进程中自动被筛除，所有地板必须保证是F4星标准，这是一个甲醛释放限量值等级标准，F4星是最高的，以此保证品质。”圣象的研发检测工程师称。

而在木板切割过程中，会产生锯末、边脚料等，这些废料会被整齐地堆放在生产线边上。在圣象的动力车间，生产中形成的木材废料经过处理后变为燃烧锅炉的动力，于是，烟囱里冒着如云朵般的白烟。“这里排放的几乎全是水蒸气，我们做到了‘废料零排放’，最大化地实现了集约生产，形成了一个闭环。”

这种“绿色产业链”战略，不仅能够降低能耗、保证可持续发展，而且同时也起到了降低成本和控制风险的作用。在环保风日益强势的市场上，掌握了绿色核心竞争力的圣象可能再次引领地板行业的绿色革命，甚至有望将中国地板行业的绿色竞争力带向国际市场。

中国的地板行业的正式发展已经有近20个年头，从原来全部依靠进口到国内生产，从无标准到有标准，地板行业经历了几次变迁。由于整个地板行业不断地发展壮大，地板品牌已经进入同质化的营销时代，价格战、概念战成了主要的竞争手段。但圣象认为人最高的需求是尊重需求和自我实现需求，企业关心的不仅是产品的成功售出，而且更应该注重的是消费者在享受企业通过产品所提供服务的全过程的感受。

地板的服务时代已经来临，它是品牌增值不可或缺的动力。服务营销既是圣象营销管理深化的内在要求，也是圣象在新的市场形势下竞争优势的新要素。服务营销的运用不仅丰富了圣象市场营销的内涵，而且也提高了圣象面对市场经济的综合素质。

【专家点评】

黄合水（厦门大学新闻传播学院副院长、教授、博导）

诚信赢得消费者口碑

在一次性交易中，欺诈、不诚信、唯利是图的情况最容易产生。我国的许多品牌，往往将与消费者的交易看作是一次性的，他们的目的是促进交易，以便成功图利，至于是否提供给消费者满意的产品、满意的服务，对他们来说，则无足轻重了。于是一个品牌，跟东南西北中或不同区域的消费者先后进行一次性交易之后，也即该品牌存活若干年，将能够骗到的消费者骗一次之后，市场上就再也无人问津了。这就是国内大量品牌短命的重要原因之一。

地板材料由于家庭装修的周期较长，地板品牌与消费者之间的交易在一段较长的时期内是一次性的，欺诈、不诚信现象较容易滋生。消费者对地板的选择也会比较谨慎，对地板品牌的信任度也不会太高。在这种背景下，圣象品牌推出“圣象地板管家”，坚持售后服务，将地板材料原本与消费者短暂的一次性交易，演变为与消费者长时间的持续交易，让自己可能产生的欺诈和不诚信的结果，由自己来承担。这一举措赢得了消费者的信任，赢得了消费者的口碑。

在这个案例中，还可以看到，圣象地板有着有别于其他竞争品牌的发展路径，先是果断地从地板生产比较成熟的欧洲企业引进强化木地板，实行反向OEM，向消费者提供优质的产品；接着与国际公司合作，拓宽产品供应线，满足消费者的不同需求；在通过与国外公司合作学习到生产技术之后，在国内自己建造工厂，降低产品生产成本的压力；后来，为了控制原材料的成本，确保上游资源的稳定供应，又建立起自己的生产基地——速生林。这些因时因势而变、与时俱进的发展战略也是值得其他品牌借鉴的。

【评委简介】

（按拼音排序）

白长虹

南开大学旅游与服务学院院长、品牌营销与服务管理系教授、博导

白长虹，南开大学旅游与服务学院创始院长、品牌营销与服务管理系教授、博导；曾任中华全国学联副主席，丽江市政府市长助理（挂职），南开大学商学院副院长，国企总经理，外企首席代表。主持的研究项目有国家社科基金重点课题“中国现代服务业发展战略研究”、国家自然基金课题“服务品牌内化研究：概念、测评与管理”、中央电视台“CCTV广告与品牌经营国际化”、深圳发展银行“精益服务系统”、天津海滨休闲旅游区文化与品牌战略研究等。

陈富国

Meta Think咨询集团CEO

陈富国，原Interbrand中国公司的首席执行官，负责中国业务的开拓，并且在中国向客户提供Interbrand的专业品牌咨询服务。

拥有近20年的中国市场研究和相关的营销和品牌战略咨询经验。长期从事商业性中国市场与企业研究与咨询，工作方向集中在企业竞争战略、品牌管理和消费者深度研究等领域。部分研究成果刊载在《哈佛商业评论》、《21世纪经济报道》、《财富》、《经济观察报》等主流财经媒体上；是各类专业会议与论坛（中央电视台、第一财经、《中国日报》香港CEO论坛和联合国内部会议等）的特邀嘉宾。

上海市经委品牌促进中心特聘专家、中央电视台特聘专家、联合国内部品牌研讨受邀专家、上海师范大学特聘教授。在2002年加入Interbrand之前，曾任中法合资央视—索福瑞媒介研究公司副总经理、上海大正市场研究公司总经理。

数学学士、统计学硕士、北京师范大学心理学博士和中欧国际商学院（CEIBS）EMBA。

陈　濮

Interbrand中国区董事总经理

陈濮，中国台湾政治大学广告学学士，美国西北大学Medill学院整合传播硕士。他是品牌的忠实信仰者和实践者：品牌不仅仅是一个标牌，它代表着相关群体眼中与该业务相关的全部。他相信品牌叙述了我们如何看待世界。因此，一个成功的品牌策略一定是其业务策略的全面反映，反之亦然。

陈濮负责并参与创建的品牌包括：万科集团、中国银联、招商证券、张小泉、威猛先生、Windex清洁剂、康师傅等。

陈　刚

北京大学新闻与传播学院副院长、教授、博导

陈刚，北京大学新闻与传播学院副院长、广告学系主任，北京大学现代广告研究所所长、博士生导师，《广告研究》杂志编委会主任，中国广告协会学术委员会副主任，中国广告主协会专家组成员，中国电信、中央电视台、新浪等多家大型企业和媒体顾问。

曾荣获“2003年中国广告业年度十大广告学人”和“北京大学十佳教师”称号。曾出版《新媒体与广告》等广告学专著，所提出的广告集团化、广告与公关、户外广告、中国广告业发展模式、中国媒体经营模式以及新媒体营销传播等研究观点在业内引起广泛关注。

陈一枬

威汉营销传播集团主席兼CEO

陈一枬，威汉集团的创办人，毕业于美国威斯康星麦迪逊大学，主修市场营销，又先后在加拿大、中国香港和中国内地工作达28年。才华横溢的她是众多知名杂志专栏文章的撰稿人，也常受邀参与大规模的讲座论坛并担任演讲嘉宾。她不仅是香港管理协会理事、香港贸易发展局服务业推广委员会委员，而且同时还肩负着香港理工大学、香港大学专业进修学院、香港市务学会顾问的职责。近期，更是被Worldwide Partners Inc. 委以亚太区董事一职。另外，每年她都会受邀担任中国杰出营销奖评委。

黄合水

厦门大学新闻传播学院副院长、教授、博导

黄合水，北京师范大学心理学博士，厦门大学新闻传播学院教授、博导、副院长。著有《广告心理学》、《广告调研方法》、《品牌学概论》、《品牌与广告的实证研究》、《品牌研究经典案例》、《广告研究经典案例》、《广告五字诀》等。

黄升民

中国传媒大学广告学院院长、教授、博导

黄升民，中国传媒大学广告学院院长、教授。1978年至1982年，就读于北京广播学院新闻系编采专业。1982年毕业分配到中央电视台专题部工作。1989年4月毕业于日本一桥大学研究生院，获社会学硕士学位。1990年底回国，在北京广播学院任教。1993年被破格评为副教授，担任新闻学广告学专业方向硕士生导师，兼任新闻系副主任。1995年被破格评为教授。1999年担任新闻传播学院副院长、广告学系主任。1999年被评为博士生导师。2002年担任广告学院院长职务至今。

蒋青云

复旦大学管理学院市场营销系主任、教授、博导

蒋青云，经济学博士。现任复旦大学管理学院市场营销系教授、系主任，兼任香港大学商学院荣誉教授、中国市场学会副秘书长，曾任香港中文大学和美国麻省理工学院斯隆管理学院访问教授。

研究专长主要集中于营销渠道、网络营销和品牌管理领域。在专业刊物发表论文50多篇，出版有《国际企业营销》等著作，主持或参与完成政府委托及国际合作项目10多项，主持各类企业咨询项目30多项，还为100多家企业提供了管理培训服务。目前，担任多家公司的管理顾问或独立董事。

卢泰宏

中山大学管理学院教授、博导，中国营销研究中心（CMC）主任

卢泰宏，中山大学国际营销学教授、博导，中国营销研究中心（CMC）主任。主要研究领域：消费者行为、品牌管理、中国营销、营销传播与广告。主持中国国家自然科学基金项目、国家教委“九五”规划项目、国家教育部“十五”规划项目等多项国家科研课题；获国家教委首届人文社科优秀著作一等奖及国家科委、国家新闻出版署多项学术奖励。现任美国营销协会（AMA）会员，《营销科学学报》（JMS）编委，中国市场学学会常务理事、中国商业联合会专家委员，《销售与市场》杂志顾问。被评为“2005中国最具影响力的10位管理学教授”（世界经理人，2005），“影响中国营销进程的25位风云人物”（2004），“推动中国企业品牌化进程的50位风云人物”（中国品牌价值研究中心，2007）。主要著作有《消费者行为学》（国际中国版）、《中国消费者行为报告》、《解读中国营销》等。

王海忠

中山大学管理学院市场学系主任、教授、博导

王海忠，中山大学市场营销教授、博导，市场学系主任，中国品牌战略研究中心（CBC）主任；市场营销博士、博士后。2009—2010年在美国密歇根大学Ross商学院做访问学者，与国际权威营销学者、密歇根大学市场营销系前任系主任Rajeev Batra教授合作研究。现担任国家教育部首个重大课题“加快中国企业国际知名品牌发展战略研究”首席专家（主持人），《营销科学学报》品牌管理主编，中国市场学会学术委员会委员、副秘书长，中国高校市场学研究会学术委员会委员等社会职务。为中国移动、中国石油、中国银行、中国华润集团、广州地铁集团、招商银行、美的集团、立白集团等众多国内外知名品牌提供培训与咨询服务。

余明阳

上海交通大学品牌研究中心主任，管理学院教授、博导

余明阳， 深圳大学、华中科技大学（双聘）教授，品牌中国联盟专家，品牌传播方向研究生导师。1979年起先后攻读并荣获浙江大学哲学学士学位、复旦大学经济学硕士学位、复旦大学经济学博士学位、复旦大学管理学博士后。作为中国第一代咨询人，中国最早研究品牌、广告与公共关系的学者之一，10多年来以总策划的身份为海内外上百家著名企业主持策划。被誉为“中国十大策划人”、“2002年中国十大策划风云人物”、“2003年中国广告业年度人物”等。

赵　平

清华大学经济管理学院市场营销系主任、教授、博导，中国企业研究中心主任

赵平，清华大学经济管理学院市场营销学教授、博导，市场营销系主任，中国企业研究中心主任。同时，他还兼任《营销科学学报》主编，中国市场学会学术委员会主任，以及若干中外大型企业的管理顾问。他的主要研究领域是满意度理论及应用、品牌创建与管理、营销战略与策略。他主持了10多项国家和部委的重要研究课题和50多项企业委托的研究课题，出版了20多本书籍并发表了130多篇相关领域的学术论文。他的许多研究成果不仅在学术上具有理论价值，而且在实践中获得了广泛的应用。